日本古字书《新撰字镜》研究

张 翔 ◎ 著

国家社科基金一般项目"域外文献《新撰字镜》疑难字词整理与研究"（课题批准号：22BYY111）的阶段性成果

陕西师范大学出版总社
西安

图书代号　ZZ24N2127

图书在版编目（CIP）数据

日本古字书《新撰字镜》研究 / 张翔著. -- 西安：陕西师范大学出版总社有限公司，2024.9. -- ISBN 978-7-5695-4709-2

Ⅰ.H366

中国国家版本馆 CIP 数据核字第 2024G19Y44 号

日本古字书《新撰字镜》研究
RIBEN GUZISHU XINZHUAN ZIJING YANJIU

张　翔　著

选题策划	曾学民	
责任编辑	胡选宏	
责任校对	宋丽娟	
封面设计	鼎新设计	
出版发行	陕西师范大学出版总社	
	（西安市长安南路 199 号　邮编 710062）	
网　　址	http：//www.snupg.com	
经　　销	新华书店	
印　　刷	西安报业传媒集团	
开　　本	787 mm×1092 mm　1/16	
印　　张	12.5	
字　　数	260 千	
版　　次	2024 年 9 月第 1 版	
印　　次	2024 年 9 月第 1 次印刷	
书　　号	ISBN 978-7-5695-4709-2	
定　　价	62.00 元	

读者购书、书店添货或发现印刷装订问题，请与本社高等教育出版中心联系。
电　　话：（029）85307864　85303622（传真）

目 录
CONTENTS

第一章　绪论 / 001

　　一、研究对象 / 001

　　二、研究价值 / 004

　　三、研究方法 / 008

第二章　文献研究 / 010

　　一、《新撰字镜》的成书过程 / 010

　　二、保孝本《新撰字镜》及其价值 / 012

　　三、《新撰字镜》各版本的关系 / 018

　　四、《新撰字镜》与《名义》《残卷》的比较 / 037

第三章　文字研究 / 049

　　一、字形研究 / 049

　　二、字际关系研究 / 081

第四章　释义研究 / 101

一、改动汉文古字书释义 / 101

二、释义的辗转相释 / 115

三、词汇的假借分化 / 120

四、对佛经、梵语词的解释 / 123

五、连读成训与省书符号的关系 / 125

第五章　注音研究 / 128

一、直音研究 / 128

二、反切研究 / 137

三、借音研究 / 152

第六章　校勘与考释 / 157

一、《新撰字镜》致误原因考证 / 157

二、利用《新撰字镜》校勘古籍 / 164

三、《新撰字镜》与古汉语字词考释 / 174

主要参考资料 / 196

第一章 绪论

一、研究对象

(一)《新撰字镜》的基本内容

《新撰字镜》是一部日本汉文古字书,是日本第一部汉和字典,成书时代在日本天皇昌泰(898—901)年间,大致相当于中国的唐昭宗时期。《新撰字镜》全书共收字头二万一千二百一十二个,分十二卷,一百五十五个部首,另外还有亲族部、重点、杂字、连字、临时杂要字五部,共计一百六十部。[1]

《新撰字镜》的成书是一个不断积累的过程。作者昌住先以《一切经音义》为蓝本,草创了《新撰字镜》的基本框架。其后,随着昌住搜集到的字书不断丰富,又将《玉篇》《切韵》等书的内容不断增补进《新撰字镜》。即使其他字书的收字范围超出了《一切经音义》的收字范围,昌住仍将其收入。从这个意义上来说,《新撰字镜》的收字范围要广一些。

(二)《新撰字镜》的版本

目前学界已知的《新撰字镜》主要有三个版本:天治本、享和本、群书类从本。

---

[1] 作者昌住在天治本《新撰字镜》序文中提到,《新撰字镜》共收字头二万零九百四十余个,另收《小学篇》字头四百余个。周祖谟先生在《日本的一种古字书〈新撰字镜〉》(《文献》1990年第2期)一文中,亦采用这种说法。而享和本《新撰字镜》序文中则言收二万零四百八十个字头,这说明经过传抄,《新撰字镜》所收字头数与昌住所作之时的数目存在一定差异。后人又据后世增补后的《新撰字镜》字头数修改了昌住的天治本序文。我们的统计是依据目前看到的天治本《新撰字镜》所收的字头数。

我们在中国国家图书馆新发现了日本学者冈本保孝的一个笺注本,此前学者未提及,我们称之为保孝本。另外还有清代杨守敬抄本及日本所藏其他抄本。下面分别加以介绍。

1. 天治本

目前所见天治本,是日本天治年间所抄古本。其定本的过程,在铃鹿连胤、藤原春村、木村正辞等人所作的跋中有较详细的记述,兹概述如下:

昌住于昌泰年间所作《新撰字镜》的稿本早已失传,至天治元年(1124),法隆寺僧人整理、抄写《一切经音义》,《新撰字镜》亦在其中。全书共十二卷,由不同的僧人分卷抄写,形成了天治本《新撰字镜》。

天治本《新撰字镜》也一度失传。京都吉田神社社司铃鹿连胤于文正年间(1818—1830)得到了天治古写本的第二卷和第四卷。此后三十余年,又从摄津国岸田忠兵卫处得到天治本残卷,铃鹿连胤遂补抄所得残卷,但仍缺第十一卷。至安政三年(1857),铃鹿连胤得到另一个古抄本,与他之前得到的抄本属同一个系统,但后者是全本。至此,《新撰字镜》始成全本,并得以流传。这个版本就是京都大学影印出版、流传于世的天治本《新撰字镜》,是天治元年法隆寺僧人所抄录的本子。

安政五年至安政六年(1859—1860),藤原春村从铃鹿连胤处借得天治本《新撰字镜》,并借给木村正辞传阅,二人共同誊写过十二卷《新撰字镜》。后木村正辞又独自抄誊一遍。木村的抄本在国内无法看到,我们目前也没有看到日本学界介绍其现藏地及相关内容。[1]

2. 享和本

享和本为日本享和三年(1803)邱岬俊平等人刊刻。享和本《新撰字镜》只有一卷,内容不及天治本《新撰字镜》的十分之一。享和本《新撰字镜》解释词条均有和训。

3. 群书类从本

《群书类从》是日本学者塙保己一编修的一部类书。《新撰字镜》被收在该类书第四九七卷。群书类从本(以下简称"群书本")《新撰字镜》与享和本《新撰字镜》的字头、顺序基本一致,部分条目的释义在文字上略有差异。

---

[1] 本书提及《新撰字镜》,如不特别强调版本,均指天治本《新撰字镜》。

4. 保孝本

保孝本《新撰字镜》是我们在国家图书馆新发现的一种版本,是日本汉学家冈本保孝所作的笺注本。关于保孝本的情况,我们在第二章专论,在此不再赘述。

5. 杨守敬抄本

据清代杨守敬《新撰字镜》抄本卷前自序所述,杨守敬在清光绪八年(1882)随驻日钦使出使日本时,曾据天治本抄过一部《新撰字镜》,共计十二册,现藏于台湾"故宫博物院",在台北图书馆藏有影抄本。

杨守敬的抄本,依据今天通行的天治本抄出。凡天治本中的泐痕和字迹不清之处,杨守敬抄本即以泐痕形式标出。该抄本的优点是较天治本字迹工整,有些在天治本中难以辨认的字,杨守敬将其工整抄出,可作为识读文字的参考。但杨守敬抄本也有因对天治本较为模糊的字迹未加详审而造成误抄的情况。

6. 日本所藏其他抄本

《新撰字镜》在日本还有一些零星抄本,根据京都大学文学部国语学国文学研究室所编的《新撰字镜》(增订版)的卷前序言所述,在日本能够见到的传到如今的《新撰字镜》的写本和注释本算起来有二十多本。其中最古老的注释本是藤敛夫(藤原惺窝)所持有的写本,后附有其弟子菅原玄同的序文。该版本被命名为久原文库本(大东急纪念文库藏)。此外还有木村兼葭堂所藏本(无穷会神习文库藏)、松井简治旧藏竹村茂雄抄本(静嘉堂文库藏)、山田忠雄氏所藏本、无穷会藏九行书写本等。各抄录本之间多少会存在一些异同,但大体上可以说是同一系统。

京都大学文学部国语学国文学研究室于昭和十九年(1944)影印出版了天治本《新撰字镜》,其后又出了增订版。增订版附有享和本和群书本。对三个版本存在差异的地方,在天治本相应字头的天头处标明。此书多次重印,影印质量不断提高,但在国内难以看到。此外,吴立民主编的《佛藏辑要》(巴蜀书社,1993)第33册收入天治本《新撰字镜》。

我们认为,《新撰字镜》的版本可以分为两个大系。天治本自成一系,本文称为天治本系。杨守敬抄本因为是直接从天治本抄的,所以也属于天治本系。享和本、群书本、保孝本以及享和本所据十几个底本,都属于一系,本文称为享和本系。

二、研究价值

《新撰字镜》作为一部成书于日本天皇昌泰年间的字书，其成书时代要早于我国宋代成书的《广韵》《集韵》等韵书。其保存的很多字形、字音、释义方面的材料在汉文古字书中都已经散佚，因此具有很高的学术价值。

（一）文字价值

《新撰字镜》成书于日本天皇昌泰年间，相当于我国的唐昭宗时期。唐宋时期正是汉字异体字大量产生的时期。《新撰字镜》中也保留了大量的异体字形。这些异体字形大致有两个方面的来源：一是隶定古文不同而产生的；二是在汉字发展过程中改换构件产生的异写、异构字。这些异体字很多不见于汉文字书，其中一些能与敦煌俗字相互比照。这些字形不仅能够丰富我们研究汉字发展史的材料，还有助于重新梳理对字际关系的认识。

《新撰字镜》的释义中揭示了大量的字际关系，往往用"与某同"的方式来称说。但是，这些字际关系的内部却非常复杂。不仅仅是异体关系，也包括分化关系、同源通用关系、同训关系等。这些字际关系很多是汉文字书及历代训诂材料没有提及的，有助于将我们对字际关系的认识引向深入。

【1】《日部》：暶，徐缘反。嬽字。好皃。[1]

按：《篆隶万象名义》（以下简称《名义》）《日部》："暶，徐缘反。好皃。"《玉篇·日部》："暶，似缘切。美皃。"《集韵·僊韵》："暶，明也。"《说文·女部》："嬽，好也。"说明"暶"有"好""美"的意思，是"嬽"的借字。《名义》《玉篇》皆漏抄了原本《玉篇》的字际关系信息，底本独保留下来。

【2】《肉部》：朥，渠略反。含也。噱字。

按：此条引自原本《玉篇》。《说文·谷部》："谷，口上阿也。……朥，或从肉，从豦。""含"当为"谷"讹。《名义·肉部》："渠略反。含也。豦字。"《玉篇·豕

---

[1] 本文引用《新撰字镜》条目时，先列部首，并加书名号，部首之后为字头，字头与释义之间用逗号隔开。如部首前无标志，表示引用的版本为天治本。如需区别版本，"（天）"表示天治本，"（享）"表示享和本，"（保）"表示保孝本。根据研究需要的不同，酌情省略部分释文。因万叶假名不在本书研究范围内，故一般不引万叶假名。

部》:"豦,封豦。豕属也。"《广雅·释诂一》:"吢,笑也。"王念孙疏证:"吢字本作噱。"《汉书·扬雄传上》:"遥噱虖紘中。"颜师古注:"口内之上下名为噱。"可见"臄""噱"在"口内上下"义通用。原本《玉篇》应作"噱",《名义》引文误作"豦"字。

(二)释义价值

《新撰字镜》是以汉文古字书为蓝本编纂的一部字书,特别是以《一切经音义》为基础,广泛搜罗唐以前的字书释义。但是,《新撰字镜》又不是汉文古字书的简单抄录,它保留了很多现存字书散佚的义项,这些义项可以为我们进一步考释字词提供重要的线索。

由于《新撰字镜》成书时间较早,因此书中保留了大量不见于汉文古字书的义项。这些义项的来源非常复杂,可能是来源于散佚的古字书或训诂材料,其中不少材料不见于汉文古字书,但却可印证古籍字词含义。

【1】《疒部》:瘣,胡罪反。木瘤也。肿旁出也。

按:《尔雅·释木》:"瘣木,苻娄。"郭璞注:"谓木病尪伛瘿肿无枝条。"《齐民要术·槟榔》:"其颠近上未五六尺间,洪洪肿起,若瘣木焉。"石声汉校释:"树木因菌类寄生而生长的肿瘤称为瘣。"可见"瘣"有"木瘤"之义,但历代字书都未记载。

【2】《日部》:暧,于载反,去。旭也。隐也。暗也。

按:《广韵·代韵》:"暧,日不明也。"《玉篇·日部》:"旭,日始出,昕旦之时。"盖底本训"旭也",即对应"日不明也"之义。

【3】《日部》:暾,圡屯反,平。日初出时也。明也。

按:《玉篇·日部》:"暾,日欲出。"《广韵·魂韵》:"暾,日出皃。"字书解释"暾",都作"日初出"之义,未见有"明也"的义项。《广雅·释诂四》:"焞,明也。"王念孙疏证:"焞者,《说文》:'焞,明也。'引郑语:'焞燿天地。'今本作'淳',假借字也。《楚辞·九歌》:'暾将出兮东方。'注云:'谓日始出,其容暾暾而盛大也。'义亦与焞同。"王念孙的疏证,说明"日初出"与"明也"是互相联系的。而《新撰字镜》保留的释义,则进一步说明散佚的字书或训诂材料中,"暾"早有"明"义,进一步证实了王念孙的意见。

【4】《页部》：頹，途回反，平。老无髪也。崩也。

按：《龙龛手镜》以"頹"为"頽"的俗字。"頹"历代字书没有"崩"的释义。《礼记·檀弓上》："泰山其頹乎！梁木其坏乎！哲人其萎乎！""頹"即为"崩塌"之义。

《新撰字镜》的释义中还有一种比较特殊的现象：有些义项在文献中出现的时代很晚，但《新撰字镜》中已有记载。这说明这些义项在汉语文献中早已有之，只是我们现在的材料不能准确反映其产生的时代。

【5】《人部》：儜，奴耕、二反，平。敬也。

按："儜"表示第二人称代词，含有敬义，相当于"您"。一般认为这在汉语中是很晚才出现的用法。《汉语大字典》（第二版）给出的最早的书证是《老残游记》："（翠花）说：'劳儜驾，看他伙计送进去，就出来。'"但实际上《新撰字镜》释义作"敬也"，已经反映出"儜"有第二人称代词，表敬义的用法。

（三）注音价值

《新撰字镜》中的注音方式，主要有直音和反切两种。主要来源于原本《玉篇》《一切经音义》《切韵》和日本当时的"私记"。其直音和反切的来源也较为复杂，且有一部分对其所引用的字书的反切做了改动。

《新撰字镜》中多处明确指出"以下字出自《切韵》"，但是目前并不清楚这些反切来源于《切韵》的何种版本。用《新撰字镜》反切和现存《切韵》系不同版本进行对比，可以研究其反切来源，并校对现存《切韵》韵书的反切。

第一，《新撰字镜》的反切注音，可以纠正传统字书传抄的讹误。

"緁"字，在《新撰字镜》中作"且妾反"，该条当是抄自原本《玉篇》。《残卷》《名义》并作"且立反"。"緁"在《广韵》中是入声叶韵字，"妾"也是入声叶韵字，但"立"是入声缉韵字。因此，《残卷》《名义》反切下字作"立"，可能是"妾"的讹字。

第二，《新撰字镜》对字书反切的改动，可能反映了当时语音的变化。

"绛"由《残卷》的"古赣反"改为"古向反"，"绛"为去声绛韵字，"向"为去声漾韵字，"赣"为去声送韵字。《切韵》时期送韵与绛韵接近，但随着语音的变化，绛韵的主要元音变为［a］，与漾韵的读音趋于一致，《新撰字镜》对反切的改动，很可能反映了新的语音变化。

《新撰字镜》借音注音，有一部分反映了音变构词的现象。有些音变构词在字书、韵书中未见反映，但《新撰字镜》中却明确记载了下来，具有十分重要的价值。

《页部》：颇，正音普多反。平。不正也。不平也。若也。□[1]也。借音普我反。偏也。少也。仅也。

按："颇"有平上两音，古代字书早有著录。但两音的意义有别，或不见解释，或解释有误。《玉篇·页部》："颇，普波切，不平也。偏也。又匹跛切。"《广韵·戈韵》"滂禾切"："颇，《说文》曰：'头偏也。'又匹我切。"《广韵·果韵》"普火切"："颇，又普波切。"未注释义。"颇"的上声读音均未释义。《集韵·戈韵》"滂禾切"："颇，《说文》：'头偏也。'"《集韵·果韵》"普火切"："颇，不正也。"

"颇"平上两音的音义对应关系，在古代注疏中有明确的记载。《左传·昭公二年》："君刑已颇，何以为盟主？"注："颇，不平。"《经典释文》："已颇，普多反。"可见平声"颇"为"不平"之义。

《汉书·高帝纪》："颇取山南太原之地益属代。"注："少割以益之，不尽取也。颇音普我反。"《汉书·司马迁传》："又其是非颇缪于圣人。"注："颇，普我反。"上声"颇"有"少"义，"偏离"之义。

（四）校勘价值

《新撰字镜》所保留的材料，很多体现了唐以前的字书原貌，据此可以校勘古籍，解决古书中的疑难问题。

《新撰字镜》作为日本藏汉文古字书，在文字、释义、文献、语音等各个方面都具有非常重要的价值，因此系统研究《新撰字镜》，可以丰富和深化我们对于中国传统字书的认识，对我们进一步研究汉字、词汇、语音系统的发展历史以及对传世文献的校勘与整理等，均会起到重要作用。

《名义》是日本沙门大僧都空海（774—835）依据南梁顾野王（519—581）《玉篇》而编写的一部汉文字书。《新撰字镜》与《名义》都引了原本《玉篇》，但《新撰

---

[1]《新撰字镜》底本漫漶不清的字迹，本书引用时以"□"替代，下同。

字镜》保留了原本《玉篇》中的更多信息，特别是原本《玉篇》对字际关系的解说。我们可以将《新撰字镜》与《名义》对照，辑佚出原本《玉篇》中更多的散佚内容。

【1】《日部》：暳，或作噎。于计、邑计二反，去。陰而风曰暳，亦翳也。言奄翳[1]日光使不明也。无光也。

按：《慧琳音义》卷五十二"隐暳"："于计反。《释名》云：'暳，翳也。言云气隐翳使不见也。'"《释名·释天》："暳，翳也。言云气掩翳日光使不明也。"《新撰字镜》所引《慧琳音义》，更接近《释名》原貌，可能《慧琳音义》在转抄过程中有所脱误。

【2】《月部》：腆，他典反。重也。至也。美也。厚也。善也。

按：《名义·肉部》："腆，他典反。厚也。善也。重也。忘也。至也。"《新撰字镜》和《名义》相比较，可以明显看出二者的相关性。

《方言》卷十三："腆，忘也。"《广雅·释诂一》："腆，美也。""忘也""美也"两个义项可能都是原本《玉篇》"腆"的释义。《新撰字镜》与《名义》抄录原本《玉篇》时，可能各有遗漏，但又可以互相补充。

【3】《人部》：儴，霍弘反。愲也。迷昏也。

按：《玉篇·人部》："儴，呼肱切。恨也。迷愲也。"《名义·人部》："儴，霍弘反，愲迷也。"根据《玉篇》与《名义》的引文对照来看，《新撰字镜》此条亦当引自原本《玉篇》。盖原本《玉篇》本作"霍弘反"，《玉篇》改作"呼肱切"。《玉篇》释义作"恨也"，在字书和文献中均无依据。从《新撰字镜》的引文来看，原本《玉篇》原文应作"愲也"，《玉篇》"恨"当为"愲"字的形近讹字。胡吉宣《玉篇校释》"儴"："恨也，未审所出。疑引《说文》'愲也'之伪。"《新撰字镜》为胡氏所言提供了可靠依据。

三、研究方法

本研究从文献、文字、释义、注音、校勘与考释五个专题，对《新撰字镜》的相关问题进行研究。

文献部分，主要从《新撰字镜》材料本身出发，从内容差异的角度，讨论各版本

---

[1] 方框内的文字，表示此字在底本中漫漶不清，但整理者推测应为此字形。下同。

之间的关系以及与抄录文献的关系。文字部分,以汉字构形的理论和实践方法,讨论《新撰字镜》抄本字形的变异类型、变异的动因和机制等问题。释义部分,用文献比较的方法,归纳《新撰字镜》改动传统字书释义的方式,并在此基础上总结改动释义的原因。注音部分,通过比较的方法,归纳《新撰字镜》中直音、反切注音的来源,对反切用字的改动等问题,并在此基础上,结合《切韵》音系,讨论反切用字改动的原因。校勘及考释部分,利用《新撰字镜》,运用校勘学对校、他校的方法,校勘古代字书、典籍的讹误,并以《新撰字镜》为线索,考释古汉语相关字词的含义、字际关系等问题。

第二章 文献研究

一、《新撰字镜》的成书过程

关于《新撰字镜》的成书过程，目前为止所知不多。比较可靠的依据，是作者昌住所作的序文：

> 如今愚僧生蓬艾门，难遇明师；长荆棘庐，弗识教诲。于是书疏闇于胸臆，文字闇诸心神也。况取笔思字，蒙然如居云雾中。向昏认文，芒然如日月〈冒〉[1]盆窥天。搔首之间，叹懑之顷，仅求获也《一切经音义》，虽每论字，音训颇觉得。而于他文书，搜觅音训，匆匆易迷，茫茫叵悟也。所以然者，多卷之上，不录显篇部。批阅之中，徒然晚日。因为俾易觉于管见，颇所鸠纂诸字音训，粗攸撰录，群文倭汉。文文弁部，字字搜篇。以宽平四年夏草案已毕，号曰《新撰字镜》。

这段序文载于《新撰字镜》全书之首。从这段序文中可以看出，作者昌住是一位僧人，出身贫寒。也正因如此，在其他历史典籍中，未见有对昌住的记载。昌住编纂《新撰字镜》，是有感于当时字书编排体例不便于检索，因此广搜字书，按部编排。

关于《新撰字镜》的引书情况和成书规模，昌住的序文中亦有所说明：

> 勒成一部，颇察泰然。分为三轴。自尔以后，笔干不舍。尚随见得，拾集无辍。因以昌泰年中间得《玉篇》及《切韵》，捃加私记眕泄之字，更增

---

[1]《新撰字镜》释义中如有讹文，本书在引用时保持原状，在讹误字形后用"〈〉"标出正确字形。

花丽。亦复《小学篇》之字及《本草》之文,虽非字字数[1],等闲撰入也。调声之美,勘附改张,乃成十二卷也,行数壹佰陆拾,文数贰万九百册余字,又《小学篇》四百余字。

《新撰字镜》的成书是一个不断积累的过程。作者昌住先以《一切经音义》为蓝本,草创了《新撰字镜》的基本框架。其后,随着昌住搜集到的字书不断丰富,又将《玉篇》《切韵》、日本"私记"等书籍、文献的内容不断增补进《新撰字镜》。即使其他字书的收字范围超出了佛经音义的收字范围,昌住仍将其收入。从这个意义上来说,《新撰字镜》的收字范围要比佛经音义类的字书广。

在以下论述中,为方便起见,我们权且把昌住在序文中提到的其自作的三卷本《新撰字镜》称为"昌住三卷本",将其扩充之后的十二卷本称为"昌住十二卷本"。

从全书的情况来看,《新撰字镜》在释义时引书相当广泛,并非局限于序文中所提到的几种文献。如天部字涉及的天文、历法相关诸字,就是征引了《尔雅·释天》的内容。甚至连字头的收录、排序也明显受《尔雅》的影响。此外,《新撰字镜》还引用了《干禄字书》《正名要录》等中国古代字书。

我们根据昌住序文中所提到的成书过程,绘制了如下示意图来表示《新撰字镜》的成书过程(图2-1):

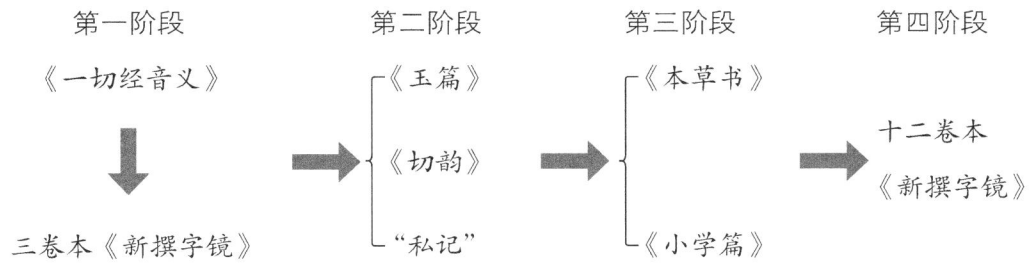

图 2-1 《新撰字镜》成书过程示意图

享和本《新撰字镜》陆可彦序中有关于享和本成书过程的记载:

> 余尝远足正访善本于四方。正虑得八、九家。而编次之异同,文字之多少,譬犹缺玉之难改,破镜之难磨也。终访之丘岬氏,丘岬氏又访得善本

---

[1] 这句话不好理解,群书本作"虽非字之数(内)",或指《小学篇》国字以及本草名称这类原书未计入单字字头数的部分。

两、三家。彼此对校，反复精核，始定一本。别附考异一本。……而几复昌泰之旧。[1]

根据陆可彦为享和本所作的序，我们可以大致了解享和本的成书过程：在享和本成书以前，《新撰字镜》已经有十几个版本在社会上流传。这些版本和享和本属于同一个系统。陆可彦搜集了八九个版本，又根据邱岬俊平的两三个版本进行校勘，最终形成了享和本。根据邱岬氏在享和本末所附的版本考异的情况来看，这些版本之间的差别比较小，字头的排列顺序也基本一致，只有释义的文字有所差别。在享和本形成之后，之前的十几个版本亦没有失传，现藏于日本的图书馆或者寺院。

关于《新撰字镜》的早期流传过程，筑岛裕在《平安时代词新论》中认为，由于天治本的抄写是由法隆寺的僧人们分担的，并且五岛美术馆所藏《弥勒上生经疏》中摘录了《新撰字镜》中的一部分，而《弥勒上生经疏》又是与南部系寺院相关的，所以《新撰字镜》曾经在南都的僧侣之间传承抄写。[2] 三保忠夫《〈新撰字镜〉小论》则进一步认为，《新撰字镜》另有一支流从院政期（12世纪）至镰仓时代（14世纪）在真言宗寺院中传承、使用，并认为其在传承接受史上占有重要地位。[3]

二、保孝本《新撰字镜》及其价值

保孝本《新撰字镜》是我们在中国国家图书馆新发现的一种版本，是日本汉学家冈本保孝所作的笺注本。

冈本保孝（1798—1878），号况斋，日本江户人。著有《史记考文》《韩非子疏证》等著作。

保孝本《新撰字镜》卷首印有"荫嘉"的刻章，当是中国藏书家王荫嘉（1892—1949）所藏。王荫嘉精通钱币、目录之学，家藏书籍甚丰。编纂有《二十八宿砚斋善本书录》稿本，现藏于苏州图书馆。王荫嘉一生所藏图书由其夫人于1954年捐献给了北京图书馆，保孝本《新撰字镜》即当在其中。但据查阅，《二十八宿砚斋善本书录》

---

[1] 陆可彦所作序文，载《新撰字镜》（增订版），临川书店，1967年，第793页。
[2] 筑岛裕：《平安时代词新论》，东京大学出版会刊行，昭和五十七年八月，第165页。
[3] 三保忠夫：《〈新撰字镜〉小论》，《岛根大学教育学部纪要》（人文·社会科学）第22卷第1号，1988年10月。

稿本中并没有关于保孝本《新撰字镜》的记载。

保孝本《新撰字镜》与享和本、群书本相近，属于同一个系统。因为享和本和群书本差异较小，因此本书在版本对比时只研究保孝本和享和本之间的不同，不再专门研究群书本。

（一）冈本保孝对《新撰字镜》的校勘与注释

冈本保孝在保孝本《新撰字镜》底本的天头处，对《新撰字镜》做了校勘和注释。《新撰字镜》由日本僧人据汉文古字书传抄编纂，在流传过程中又几经辗转传抄，因此底本在释义、注音、体例等方面多有讹误。冈本保孝根据传世文献和前人注释，校勘了底本的讹误之处。其校注成果多确凿可信，具有较高的价值。

1. 纠正释义讹误

【1】（保）《日部》：昵，谓相近也；亲也；近也；和昵也；并也；数也；遂也。

保孝注："昵，亟也。亲昵亦数也。据考：'并'恐'亟'，'遂'恐'遍'讹。"

【2】（保）《人部》：偓，伶也。仙人名。

保孝注："《说文》《玉篇》：'偓佺，仙人。'据按，'伶'恐'佺'讹。"

【3】（保）《耳部》：聒，耳孔。

保孝注："《一切经音义》引《苍颉篇》：'扰耳孔也。'据按，'耳'上恐脱'扰'。"

【4】（保）《衣部》：衩，衣袂也。

保孝注："《玉篇》：'衣衩。'据按，'袂'恐当'衩'讹。"

【5】（保）《衣部》：衽，衿也。袪裳际也。

保孝注："'袪'字恐衍。《和》引《字苑》：'衣前襟也。'"

【6】（保）《革部》：鞞，削物谓之鞞。

保孝注："《方言》：'剑削自关而西谓之鞞。'据按，'削物'恐当'剑削'讹。"

【7】（保）《金部》：鈿，铭也。鏞也。

保孝注："'鈿'原作'铭'，'镊'原作'鏞'。今并校正。"

2. 纠正注音讹误

【1】（保）《天部》：蚕，丁弥切。

保孝注:"《玉篇》作'天殄切'。据按:'丁弥'恐'丁殊'讹,'殄''殊'同。"

【2】(保)《肉部》:肬,有流、耳由二反。

保孝注:"《玉篇》:'肬,羽流切。'据按,'耳'恐'羽'讹。"

【3】(保)《雨部》:雹,波甫反。

保孝注:"《说文》作'蒲角切'。据按,'甫'恐'角'讹。"

按:享和本、天治本均作"波角切",证明保孝注释正确。

【4】(保)《目部》:朓,直饮反。

保孝注:"'饮'恐'饫'讹。"

按:《广韵》作"都聊切",保孝注释正确。

【5】(保)《疒部》:瘦,云肉反。

保孝注:"《五音集韵》:'他内反'。据按,'云肉'恐'太内'讹。"

3. 纠正字形讹误

【1】(保)《日部》:旽暾暳。

保孝注:"暾正,《龙龛手镜》:'他昆切,日初出皃。''暾''暳'同。据按,'暳'恐'暾'讹。"

【2】(保)《雨部》:霔,序助、如序二反。霖也。起也。霈也。

(享)《雨部》:霂,序助、如序二反。霖也。起也。霈也。

保孝注:"原作霂,今改正。"

按:《玉篇·雨部》:"霔,之戍切。霔霖。"可见字头"霔"与音义正相契合。

【3】(保)《雨部》:雹雯。

保孝注:"《龙龛手镜》:'雹'或作'雹'。据按,'雯'恐'雹'讹。"

【4】(保)《火部》:烣燅,正音居力反。熬也。疾也。急也。速也。

保孝注:"《干禄字书》:'烣'俗'亟'正。《龙龛手镜》:'烣'正作'亟'。《集韵》:'通作极。'据按,'燅'恐'极'讹。"

按:天治本'燅'字形作极,应即'极'字。说明底本在传抄过程中误作'燅'字。保孝注释意见正确。

【5】(保)《人部》:佴,借也。施也。

保孝注:"《龙龛手镜》:'佴,音二,副也。'又:'佴,贷俗字。'据按,'佴'恐

第二章　文献研究

'儗'讹。"

【6】（保）《目部》：毗，士至反，去。目两头也。目睢也。

保孝注："《一切经音义》：'目头曰毗。'《说文》：'目匡也。'据按，'睢'恐'睡'讹。"

按：保孝认为'睢'为'睡'之讹，意见正确。但是《说文·目部》："毗，目匡也。"《玄应音义》卷四："双毗"条注引《说文》作："毗，目崖也。"冈本保孝注引《说文》，可能并非直引，而是由《一切经音义》等书转引而来。

【7】（保）《言部》：諫，古安反。勇也。证也。正也。

保孝注："按，'諫'当作'谏'。"

【8】（保）《衣部》：裹，古祸反。

保孝注："《一切经音义》：'裹或作裹，俗字。'"

【9】（保）《巾部》：幠，葬覆棺也。惜同。

保孝注："'惜'当为'幠'讹。"

按：《玉篇·巾部》："幠"，同"幠"，保孝注释意见正确。

【10】（保）《木部》：李，使也。

保孝注："旧文'使'字作'峑'，传写讹作'李'。'使'字'山'下'人'，'人'下'子'。"

按：《残卷·山部》："峑，字书古文'使'字也。"保孝注释意见正确。

【11】（保）《艹部》：艽，秦艽，药也。

保孝注："'艽'为'艽'字之讹。"《玉篇·艹部》："艽，秦艽，药。"

4. 纠正体例错误

【1】（保）《肉部》：胅，女要、丁私二反，平。掌皮厚也。

曬，亲近也。昵遂也。皮坚也。亲胅，亦数也。手豆牟。[1]

（享）《肉部》：胅，女要、丁私二反，平。掌皮厚也。曬，亲近也。昵遂也。皮坚也。亲胅，亦数也。手豆牟。

保孝注："今考正分为二条。又按，曬同昵也，出日部。曬条十二字须删去。"

---

[1] 本书在一条之内连续引用《新撰字镜》同一部首中的不同字头时，每个字头另起一行，从第二个字头起，前面省略部首。

按：享和本中，"䐃"字头及其下释义内容没有单列字头，在形式上作了"胝"字头的释义。享和本由于体例讹乱，将本应属于两个字头下的释义混在一起，冈本保孝将其分开。

【2】（保）《肉部》：腮，寄肉也。恶肉。

保孝注："'腮'盖'胵'讹，重复，须删去。"

5. 完善底本释义

《新撰字镜》的释义一般比较简单，冈本保孝在注释中，会提供更多的注释信息，完善释义。如辨析近义词、引用书证等。

【1】（保）《肉部》：腬，面和也。

保孝注："《集韵》：'面色和柔皃。'"

【2】（保）《火部》：䤈，酱属也。

保孝注："《一切经音义》引《通俗文》：'江南悉为䤉，中国悉为䤈。'"

【3】（保）《巾部》：幅，绢广狭也。

保孝注："《玉篇》：'布帛广狭。'"

（二）冈本保孝注释的特点

冈本保孝在校勘、注释《新撰字镜》的过程中，有一些优长之处，需要加以注意。

1. 校勘、注释严谨

冈本保孝非常注重汉文典籍的材料依据，一些没有明确文献依据以供校改的条目，保孝仅罗列他书释义材料或提出质疑，并不轻下判断。

【1】（保）《肉部》：腤，以糁煮肉也。

保孝注："《玉篇》：'煮肉也。'"

按：字书没有"以糁煮肉也"的义项，但也不能确定"以糁"二字衍。

保孝本与其他字书与底本解释有稍异之处时，冈本保孝也列出其他字书的解释，以供参证。

【2】（保）《人部》：仳，丑面。

保孝注："《龙龛手镜》：'丑皃也。'"《说文·人部》："仳，仳催，丑面。"

按：保孝征引了其他材料，说明了"仳"的意义。

【3】(保)《目部》: 眚，目生翳也。

保孝注："《说文》：'目病生翳也。'"

【4】(保)《目部》: 眽，目之力精也。

保孝注："《广韵》：'目少精。'"

按：冈本保孝在这里仅仅排比了材料，实际上说明了底本的"力"应为"少"字之讹。

2. 广泛征引材料

冈本保孝在注释过程中，还经常会征引其他学者的注释成果。由于保孝本的底本情况目前还不十分清楚，不知道有哪些学者进行过注释。因此冈本保孝征引的这部分材料具有十分重要的价值。

【1】(保)《目部》: 䁢，鱼冈反。

保孝注："真末按，鱼恐莫讹。滨臣按，'冈'恐'罔'讹。"

【2】(保)《疒部》: 痎，老虐也。

保孝注："滨臣按，'虐'恐'疟'讹。"

按：《说文·疒部》："痎，二日一发疟。"《正字通》："瘩同痎，《本草》云：'老疟发作无时名瘩疟，俗呼妖疟。'"

3. 校释字形屡有创见

冈本保孝在注释时，还自觉运用偏旁比对的方法校释字形，屡有创见。

【1】(保)《天部》: 鬻，字林反。釜属。

保孝注：'鬻'俗作'䰞'，据按，'鬻'恐'䰞'讹。

【2】(保)《天部》: 噄。先盍反，入。丑也。

保孝注："《篇类》：'𠦲'同'𢆉'，据按，'噄'亦或作'嚃'。"

按：《改并四声篇海·韭部》引《玉篇》："𢆉，恶也。"《正字通·韭部》："𢆉，同𠦲。"可知保孝意见正确。

【3】(保)《木部》: 榴榴，同。侧驶反。

保孝注："《干禄字书》：'榴榴，上俗下正。'据按，'榴'盖'榴'俗字。"

三、《新撰字镜》各版本的关系

《新撰字镜》主要有三个版本：天治本、享和本、群书本。关于这三个版本的关系，主要有三种观点：

阪仓笃义认为，天治本字头的部分排序与享和本、群书本并不相同，因而天治本与享和本、群书本的底本并不相同。[1]

冈井慎吾在《日本汉字学史》中对两个版本的关系表述如下：[2]

二万四百八十字 ┬ 增加（抄略本有而天治本无的一类）——抄略本的原本——享和本
　　　　　　　└ 增加（抄略本无而天治本有的一类）——天治本

中国学者张磊则认为，享和本和群书本应是从天治本中将带有和训的条目抽绎出来成书的。证据是享和本和群书本中有不少错误是由于天治本书写潦草或模糊所造成的。[3]

我们基本同意阪仓笃义认为天治本与享和本底本不同的观点。但是阪仓笃义的论述过于简略，没有相关材料的支持，而且，阪仓笃义只说明二者底本不同，并没有进一步论证二者如何各自成书。因此，这个问题还需要进一步讨论。

（一）天治本与享和本的关系

天治本与享和本的关系，是研究《新撰字镜》版本关系的核心问题。享和本是享和本系的代表，群书本、保孝本虽不是由享和本直接抄录而来，但它们与享和本是由共同的祖本抄录而来的。这些版本在部首、体例、字头、释义、反切、和训等方面的差异较小，多为文字书写的问题。享和本只是天治本中带有和训部分的条目，数目只有天治本的十分之一左右。但是天治本与享和本的差别，也主要是文字上的不同，这些不同多是在抄写过程中造成的。讨论天治本与享和本的关系，实际是要讨论这两种

---

[1] 阪仓笃义：《〈新撰字镜〉の再俭讨——享和本を中心に》，载山田忠雄编《本邦辞书史论丛》，三省堂，1967年。

[2] 冈井慎吾：《日本汉字学史》，明治书院，1935年。冈井慎吾原书中的"抄略本"，大致相当于本书所称的"享和本系"；"二万四百八十字"，指的是享和本序文中所提到的总字数。

[3] 张磊：《〈新撰字镜〉研究》，中国社会科学出版社，2012年。

版本的来源问题。现有文献并没有明确的交代，所以我们只能从二者的内容上进行对比，并在此基础上作一些推测。

我们按照校勘学中的概念，把天治本与享和本的差异分成五种情况，即：错乱、脱文、衍文、讹误、异文。

1. 错乱

错乱，指文字位置的颠倒错乱。《新撰字镜》中的错乱现象，主要表现在三个方面：一是部首和部首内字头排列顺序颠倒错乱；二是释义错乱，B字头的释义误窜入A字头下，误作了A字头的释义，或者B字头连同其释义均作了A字头的释义；三是文字有倒文。

【1】天治本部首排序错乱。享和本与天治本的部首排序大致相同，但天治本卷四有若干部首的顺序与享和本的顺序不同：

天治本：38 糸部、39 衣部、40 食部、41 米部、42 罒部、43 巾部、44 酉部、45 门部；

享和本：（34）糸部、（35）衣部、（36）巾部、（37）罒部、（38）食部、（39）米部、（40）酉部、（41）门部。与天治本的排序比较，享和本40食部至43巾部的顺序与其不同。

《新撰字镜》的部首依事类排序，显然巾部、罒部应该与糸部、衣部排在一起，不应排在食部、米部之后。享和系版本排序是合理的，天治本这两部应是排序错乱。

【2】（天）《竹部》：筴，上。同侠反。亦楚革反。着也。谋也。筹也。取也。显也。

箸，大鹿反。筴箸也。饭皱也。

（享）《竹部》：筴箸，上。古狭反。箸。下。丁鹿反。饭皱也。筴也。亦取也。显也。二字。波志。策同。

按：天治本"筴，上。同侠反"，"上"字不符合体例，当是衍文。但从享和本的情况来看，"上"应是指并列两个字头上面的那个字。因此，祖本的情况应和享和本一致。天治本释义应是将原本的一条释义拆作了两条，"上"字当删而未删。

【3】（天）《肉部》：滕，桑刃反。䵃也。臭也。奈万久佐志。女致反，去。滑也。肥也。

（享）《肉部》：脵，桑刃反。䐒也。臭也。奈万久佐志。

按："女致反"以下，群书本无。音义皆与"脵"字头不合，可能是"腻"字的音义，盖由他处训释窜入此处。

【4】（天）《口部》：嘽，士干反。马。平。劳也。

（享）《口部》：嘽，士干反，平。马劳也。

按：《说文·口部》："嘽，喘息也。"《诗·小雅·四牡》："四牡騑騑，嘽嘽骆马。"毛传："嘽嘽，喘息之貌。马劳则喘息。"天治本释义"马""平"为倒文。

【5】（天）《食部》：饩，许既反，去。糉古之作。

馈，饷也。孰也。鲜也。

（享）《食部》：饩，许既反，去。古文作糉。馈也。饷也。熟也。鲜也。

按：《玉篇·食部》："饩，馈饷也。"《左传·桓公六年》："齐人馈之饩。"杜预注："孰曰饔，生曰饩。"盖释义"孰也""鲜也"应是和"孰曰饔，生曰饩"的释义相关，享和本也应有错讹，"孰"不应对应在"饩"下。天治本不应将"馈"另立字头。

【6】（天）《革部》：䩛，往早、段二反。波吕比。鞯，于阑、子于二反。鞍也。

（享）《革部》：䩛，往早、从段二反。波吕比。

鞯，于阑、子于二反。鞍也。鞁也。

按：《玉篇·革部》："䩛，马带也。"《说文·革部》："鞍，车驾具也。"《集韵·先韵》："鞯，马被具。"《说文新附·革部》："鞯，马鞍具也。"享和本将"鞯"另立字头无误，天治本将字头"鞯"窜入了"䩛"字下。

2. 脱文

脱文是指原文中少了的字句。天治本和享和本校对过程中，经常会出现脱文，当是在传抄过程中抄丢了部分字。天治本中的脱文较多，享和本脱文较少。

【1】（天）《日部》：晒，所卖反。山冀、霜知二（反）。暴也。干物也。洗也。

（享）《日部》：晒，所卖反。山冀、霜知二（反）。或作㬠。暴也。干物也。洗也。

按：《慧琳音义》卷五十九"中晒"："又作㬠。方言晒暴也。干物也。"天治本当脱"或作㬠"。

【2】（天）《日部》：升，升字同。失兼反。出也。

（享）《日部》：升，升字同。失兼反。出也。登也。

按：晚出典籍注疏，亦常有训"升"为"登"的。《方言》卷一："蹑，登也。"钱绎笺疏："升与登古亦通用。"天治本当漏收"登也"。

【3】（天）《肉部》：胇，字秽反。弗音。布久布久志。脯肺同字。

（享）《肉部》：胇，孚秽反。又弗音。脯同。

按：《诗·大雅·桑柔》："自有肺肠。"陆德明释文："肺，本又作胇。"说明享和本无"肺"字当为失收。

【4】（天）《手部》：挛，又作㿇二形。力圆反，平。系也。荼也。

（享）《手部》：挛㿇瘰，三形同。力圆反，平。系也。荼也。

按：天治本言"又作㿇二形"，显然是自相矛盾，应是脱漏了"瘰"形。

【5】（天）《糸部》：繈繈，二同。居交反，上。丝有节也。负儿带也。

（享）《糸部》：繈，居交反，上。丝有节也。负儿带也。

按：《金石文字辨异》引"北齐宋买造像碑"，"强"字作"弜"形，可与天治本作"繈"形相参，天治本字头"繈"或不讹。

【6】（天）《革部》：鞠鞠鞠，三同。居六反。卷也。告也。生也。稚也。爱也。毱。

（享）《革部》：鞠，养也。告也。生也。稚也。爱也。毱。

按：《集韵·宵韵》"余招切"："鞠，鼓也。"《集韵·豪韵》"徒刀切"："鞠，鼓木也。"《广雅·释诂三》："𩌾，治也。"王念孙疏证："籟、𩌾、鞠、鞠，字异义同。"《玉篇·革部》："鞠，居竹切。问鞠也。"《龙龛手鉴·革部》以"鞠"为"鞠"的俗字。"鞠""鞠""鞠"三字应为通假关系。天治本并列的字头，也包括通假字的情况。

【7】（天）《禾部》：稣，束孤反。又作甦，更生也。

（享）《禾部》：穌稣，束孤反。甦字同。更生也。

按：天治本"稣"当为"穌"字形变。享和本字头多"穌"，"穌""稣"当为异体关系。

【8】（天）《禾部》：秤秤，二同作。薄懈反，去。小官也。下任也。侍也。

（享）《禾部》：秤，薄懈反，去。小官也。下任也。侍也。

按:"秤"当为"秤"的形变字,享和本漏收。

【9】(天)《禾部》:耕,古行反,平。犁也。

(享)《禾部》:耕耕耕,古行反,平。犁也。

按:享和本较天治本多出字头"耕""耕"。"耕"是正体字形,"耕""耕"是"耕"的形变字。天治本应是误删了字头"耕"。

【10】(天)《竹部》:筍,息元、先君二反。箏也。

(享)《竹部》:筍笋,同。息元、先君二反。笋也。

按:《集韵·準韵》:"筍,竹胎也。或作笋。"天治本"箏"当为"笋"讹。

【11】(天)《竹部》:籔籒,二同。竹臽反。亦同苏后反。漉米器。

(享)《竹部》:籔籄篔篓,四同。苏后反,上。

按:《广韵·厚韵》"苏后切":"籔,漉米器也。"《玉篇·竹部》:"籄,同籔。"《玉篇·竹部》:"篓,同籔。"《方言》卷五:"炊篹,或谓之篔。"戴震疏证:"篓即篔之正体。"除"籄"字与"籔"字关系不明,可能即"籄"的讹字。"篔""篓"皆为"籔"的异体字。享和本收字头比天治本多且正确。

【12】(天)《鸟部》:鵄鴟,三形同。尺志反。

(享)《鸟部》:鵄鴟鸥,三同。尺志反。老鵄。

按:《慧琳音义》卷二十七"鸱枭"注:"古文鸥、鵄二形同。"天治本列两个字头,释义又言"三形同",显然是在传抄过程中脱了一个字头。享和本字头不误。

享和本字头一般较天治本多,且多有依据。从天治本释义称说字头数与实际不一致的现象来看,应是天治本在传抄过程中误删了一部分字头。

【13】(天)《马部》:骑,渠羁、居宜反。畜也。跨马也。

(享)《马部》:骑,渠羁、居宜反。乘畜也。跨马。

按:《玉篇·马部》:"骑,乘也。"《集韵·寘韵》:"骑,乘马也。"天治本"畜"前当脱"乘"字。

【14】(天)《豕部》:豛,九物、九运二反。在又部。

(享)《豕部》:豛,九物、九运二反。豕以鼻发土也。又土劣反。

按:《广韵·薛韵》:"豛,豕发土也。"享和本释义不误,当是天治本抄写过程中丢失了释义。

【15】（天）《革部》：鞭，父六反，入。盛器。

（享）《革部》：鞭，父六反，入。盛矢器。

按：《玉篇·革部》："鞭，箭鞭。"《集韵·屋韵》："箙，《说文》：'弩矢箙也。'或作鞭。"《玉篇·竹部》："箙，矢器也。藏弩箭为箙。"字书中均言"箙"所盛之物为箭矢。天治本当脱"矢"字。

【16】（天）《犭部》：狭，侯夹反。隘也。

（享）《犭部》：狭，侯夹反。古作陿。

按：《集韵·洽韵》："陕，《说文》：'隘也。'或作陿、峡、狭。"享和本"古作陿"释义无误。当为天治本所失。

【17】（天）《金部》：鐖，居沂反。钓。得鱼金也。鉤也。

（享）《金部》：鐖，居沂反。钓也。得鱼金也。

按：《玉篇·金部》："鐖，鉤逆鋩。"《广韵·微韵》引《淮南子》："无鐖之鉤，不可以得鱼。""鐖"当为鱼钩之义。"得鱼金"是对"鉤"的进一步解释。享和本释义或脱"鉤也"。

【18】（天）《勹部》：匍，薄胡反，平。匍匐，手行也。尽力也。颠蹶也。匐也。

（享）《勹部》：匍，薄胡反，平。匍匐也。波良波比由久。

按：《玄应音义》卷十二"匍匐"注引《字林》："匍，手行也。"《玉篇·勹部》："匍，匍匐，手行尽力也。颠蹶也。"享和本释义无误，但遗失了很多释义。天治本释义更翔实准确。

【19】（天）《金部》：鈇，府于反。鍑也。椹刃〈刀〉也。亦横斧也。钺也。万佐加利。

（享）《金部》：鈇，府于反。钺。万左加利。

按：《玉篇·金部》："鈇，鈇钺。又剉斫刀也。"《玄应音义》卷十三"鈇擽"注引《苍颉篇》："鈇，横斧也。"天治本释义均有来源，盖为后世传抄所加。

【20】（天）《石部》：砌，且计反二反，去。

（享）《石部》：砌，且计、千计二反。

按：天治本反切不合体例，盖为抄录丢失反切用字所致。

3. 衍文

衍文是指比原文多出来的文字。衍文在《新撰字镜》中极为少见。因为在传抄过程中，抄乱、抄错、抄丢的情况常见，但抄多的情况则很少出现。一般的衍文，都是因为误解了原文内容，而误补了字词。

【1】（天）《舌部》：䑙，他念反，去。出也。舌之皃。

（享）《舌部》：䑙，他念反，去。舌出也。

按：《玉篇·舌部》："䑙甜，吐舌皃。"《广韵·㮇韵》："䑙，舌出皃。"天治本"出也"之上应脱"舌"字，"舌之皃"应为衍文。

【2】（天）《糸部》：絓，胡卦反。绪也。恶也。丝也。碍也。悬也。系也。

（享）《糸部》：絓，胡卦反。绪也。恶丝也。碍也。系（繫）也。

按：《广韵·佳韵》："絓，恶丝。"天治本"恶也"之"也"当为衍文。

4. 讹误

讹误是指字形的错讹。无论是天治本还是享和本，讹误的情况大多数都是形近而讹。这说明天治本和享和本所依据的底本基本是相同的，只是在传抄过程中文字多有讹误，造成其差别逐渐增大。

【1】（天）《肉部》：䏰，思力反。奇肉也。恶肉也。

（享）《肉部》：䏰，思力反。寄肉也。恶肉也。

按：享和本"奇肉"作"寄肉"。《玉篇》《广韵》作："䏰，䏰肉。"《类篇·肉部》："䏰，寄肉也。"天治本"奇肉"当为"寄肉"之讹。

【2】（天）《目部》：瞻，时焰反。足也。亲也。助也。视也。都也。

（享）《目部》：瞻，时焰反。足也。视也。助也。覩也。

按：《说文·目部》："睹，见也。覩，古文从见。""都"应是音近的讹字。"瞻"不当有"亲"义，享和本无此义，天治本"亲"可能是"覩"的讹文。

【3】（天）《口部》：噳，牛府反。鹿吴字。麌鹿。

（享）《口部》：噳，牛府反。麌字。麌鹿。

按：《广韵·麌韵》："麌，麌麌，羣聚皃。"《说文·口部》："噳，麋鹿羣口相聚皃。《诗》曰：'麀鹿噳噳。'"今《诗·大雅·韩奕》作"麀鹿麌麌"。《广韵·麌韵》："噳，噳噳，笑皃。"显然天治本将"麌"误拆写作"鹿吴"。

【4】(天)《耳部》：聒，公活反。护（護）聒也。諠语也。耳孔骚。

(享)《耳部》：聒，公活反。謹聒也。諠语也。耳孔。

按：《说文·耳部》："聒，驩语也。"《说文·言部》："謹，哗也。"天治本"護"当为"謹"讹。

【5】(天)《女部》：媾，古候反。原也。

(享)《女部》：媾，古候反。厚也。

按：《诗经·曹风·候人》："彼其之子，不遂其媾。"毛传："媾，厚也。"天治本"原"当为"厚"讹。

【6】(天)《女部》：姣，古饱反。姣媚也。放免也。

(享)《女部》：姣，古饱反。姣媚也。放逸也。洁也。侮也。

按：《广韵·肴韵》胡茅切："姣，姣淫。"《玉篇·女部》："姣，婬也。"此即为享和本"放逸"之义。天治本"免"当为"逸"讹。

【7】(天)《牛部》：牛髐，方放反。攈今者也。须菜广也。

(享)《牛部》：牛髐，方放反。根食者也。

按："攈今者"不词，当为"根食者"。

【8】(天)《土部》：墺，于六反，入。壤也。西方土可居也。

(享)《土部》：墺，于六反，入。壤也。四方土可居也。

按：《玉篇·土部》："墺，四方之土可居。"天治本"西"当为"四"讹。

【9】(天)《木部》：柞，正子落反，入。栎也。除草曰廿口又，除木曰柞。

(享)《木部》：柞，正音子落反。栎也。除草曰芟，除木曰柞。

按：天治本误拆"芟"字为"廿口又"。

【10】(天)《雨部》：雹，波角反。雨沐也。

(享)《雨部》：雹，波角反。霖也。

按：《说文·雨部》《集韵·茯韵》："雹，雨冰也。"天治本盖将"冰"误作"沐"。享和本则将两字误抄作一字作"霖"。

【11】(天)《面部》：靦，他殁反。姤也。羞也。耻也。噆也。

(享)《面部》：靦，他弥反。娻也。羞也。耻也。噆也。

按：《玉篇·面部》："靦，姡也。"天治本作"姤"、享和本作"娻"，疑并为

"姞"讹。

【12】(天)《糸部》：纗，其偽反，去。残纗。织余也。

(享)《糸部》：纗，其偽反，去。残缠。织余也。

按：《慧琳音义》卷六十三"其纗"条："下达位反。白氀织余残纗头也。"盖"纗""缠"均为"纗"讹。

【13】(天)《革部》：鞞，毗移反。力上曰下曰琫。力室也。又削物谓之鞞。

(享)《革部》：鞞，毗移反。刀上曰鞞，刀下曰琫。刀室也。

按：《说文·玉部》："琫，佩刀上饰。"戴震《毛郑诗考正·瞻彼洛矣二章》："刀下饰，乃鞞也。"盖享和本"上""下"相倒也。天治本有脱文和讹文。

【14】(天)《革部》：鞠鞠鞠，三同。居六反。卷也。告也。生也。稚也。爱也。毱。

(享)《革部》：鞠，养也。告也。生也。稚也。爱也。毱。

按：《玉篇·革部》："鞠，推也。告也。养也。"天治本"卷"当为"养"讹，天治、享和本"稚"当为"推"讹。

【15】(天)《禾部》：稈秆，二同作。公旱反。禾茎也。

(享)《禾部》：秆稈，二同作。公旱反。木芉也。禾筌也。

按：《广韵·旱韵》："秆，禾茎。""稈，上同。"天治本作"茎"、享和本作"筌"，皆当为"茎"讹。

【16】(天)《面部》：䩈，扶文反。

(享)《面部》：䩈，扶父反。

按：《广韵》"䩈"作"扶雨切"，在虞韵。《广韵》"父"亦作"扶雨切"。天治本反切下字"文"当为"父"讹。

【17】(天)《足部》：踰，庚俱反。

(享)《足部》：踰，庾俱反。

按：《广韵》"踰"作"羊朱切"，《广韵》"羊"作"与章切"，《广韵》"庾"作"以主切"，天治本"庚"当为"庾"讹。

【18】(天)《鼻部》：齈，如东反，去。多洟。

(享)《鼻部》：齈，如东反，去。多洟。

按：《广韵·送韵》："齈，多涕，鼻疾。"天治本"齈"当为"齈"的形变字，享和本字头正确。

【19】（天）《足部》：蹃，上字（跖）[1]亦作。诗余、之石二反。浦也。

（享）《足部》：蹠，诸余、之石二反。浦也。跖也。

按：《说文·足部》："蹠，足下也。"段玉裁注："今所谓脚掌也。或借蹠为之。"天治本字头"蹃"当为"蹠"的形变字。

【20】（天）《皮部》：皵，古显反。

（享）《皮部》：皵，古显反。

按：《广韵·铣韵》"古典切"："皵，皮起也。"天治本字头"皵"当为"皵"的形变字。

【21】（天）《禾部》：秸，古八反。稾也。

（享）《禾部》：秸，古八反。稾也。

按：《广韵·黠韵》"古黠切"："秸，秸稾。"《玉篇·禾部》："秸，口笃切。禾大熟。"从音义上判断，字头当作"秸"，享和本正确。天治本"秸"当为"秸"讹。

【22】（天）《竹部》：笓笓，力支反。杜也。垣也。竹柴等类。垣曰篱。

（享）《竹部》：篱，力支反。枯也。垣也。竹柴等类。

按：《慧琳音义》卷六十五"篱上"："又作攡柂二形，同。力支反。《通俗文》：'柴垣曰篱。'"《说文·竹部》徐锴系传："笓，今俗言仓笓。"天治本此字头可能受上条"笓"字头影响而讹，字头当作"篱"。

【23】（天）《犭部》：狢，不各反。

（享）《犭部》：狢，下各反。

按：《广韵·铎韵》作"下各反"。天治本"不"当为"下"讹。

5. 异文

异文是天治本与享和本关系中一类比较特殊的现象。天治本与享和本均不误，但是用字不同。这些异文可能是正俗字的关系，或是古今字的关系，也可能是同义词的关系。天治本与享和本存在异文的现象说明，二者的直接底本并不相同。

---

[1]《新撰字镜》释义中提到"上字"时，本书如未完整引用上一条释义，则在（）内标明其所指"上字"的具体字形。

【1】（天）《米部》：糟粕，上亦作醩。子劳反，平。不沛酒也。

（享）《米部》：糟粕，上又作醩。子劳反，平。不漉酒也。

（群）《米部》：糟粕，上又作醩。子劳反，平。不茜涑也。

按：《玄应音义》卷八"糟粕"注："糟，不沛酒也。"《礼记·郊特牲》："酦酒涚于清。"孔颖达疏："涚，谓涗漉也。"天治本"沛"当为"沛"讹。但二者的释义来源当有所不同。享和本"漉酒"即应为"沛酒"之义，群书本"不茜涑"应为"不茜涚"。

【2】（天）《酉部》：酿，女帐反，去。酒也。投也。成也。治酒也。

（享）酿，女帐反，去。酒也。造酒也。成也。治酒也。

按：《玄应音义》卷二十五"醖酿"注："酿，投也。"《说文·酉部》："酿，醖也，作酒曰酿。""投"与"酘"应为同源通用的关系。丁惟汾《俚语证古·饮食》："投酒，酘酒也。"《玉篇·酉部》："酘，酘酒也。"《集韵·侯韵》："酘，酒再酿。"天治本作"投也"、享和本作"造酒也"均不误。天治本作"投也"当从《一切经音义》抄来。而享和本作"造酒"，目前所见古字书并无完全对应的释义，应是改动了底本的释义。

【3】（天）《禾部》：穋稑，二同。力六反，入。早孰禾也。

（享）《禾部》：穋，力六反，入。早熟禾。

按："孰""熟"为古今字关系。盖是两个版本所抄底本不同，或抄者改动了字形。

【4】（天）《竹部》：籢，亦作逯、搛二形。力沾反。所以敛物也。镜籢也。

（享）《竹部》：籢匲，力沾反。

按：《说文·竹部》："籢，镜籢也。从竹，敛声。"徐锴系传："籢，敛也。所以收敛也。今俗作匲。"《龙龛手镜·辵部》："逯，俗，音廉。正作匲。盛香器也。又镜匲也。""搛"字来源不详，可能为"籢"的异体字。天治本"逯"、享和本"匲"均为"籢"的异体字，只是字书来源不同。

【5】（天）《肉部》：䐉脑，通作。

脑，上字。

（享）《肉部》：䐉脑，同。奴浩反。

按：《集韵·皓韵》"乃老切"："𦠌脑脑匘䐉，《说文》：'头髓也。'"《四声篇海·肉部》:"腏,奴道切,头腏也。"天治本所收"腏"形与享和本所收"脳臓"二形,在字书中各有依据。

6. 小结

昌住三卷本是以《一切经音义》为蓝本的,而享和本的收字是以有和训的材料为依据的,与《一切经音义》的材料并不对应。因此,昌住三卷本并不是享和本的祖本。天治本与享和本有一个共同的祖本,这个祖本就是昌住十二卷本。昌住十二卷本成书后,有人将其中有和训的部分抽绎出来,形成了一个一卷本的《新撰字镜》,这个本子就是享和本系的底本。

享和本系的抄本甚多,至享和三年(1803),陆可彦搜集了其中八九个版本,与邱岬俊平的两三个版本互校,定为一尊,最终形成了享和本。邱岬俊平另撰《〈新撰字镜〉考异》,即是交代这十几个版本的异文情况。

昌住十二卷本的流传没有昌住三卷本流传广泛。至天治元年(1124),法隆寺僧人将昌住十二卷本抄录一遍,形成天治本。昌住十二卷本此后失传。天治本也几乎失传,至19世纪中叶才被重新发现影印。

我们推测的天治本和享和本的关系,可以解释以下几个问题:

第一,天治本和享和本互有讹误,天治本的讹误要明显多于享和本。这是因为享和本并非由天治本抽绎而成,其底本各不相同,但都有共同的祖本。因此二者的差别主要是文字上的。这种差别主要是因为抄写的笔误造成的。这一点在前文中已有较为充分的论证。

第二,享和本的质量总体上高于天治本。享和本是由陆可彦、邱岬俊平等人以十几个本子为底本校勘而成的,因为经过了较为详细的校勘,错误自然较少。而天治本由法隆寺僧人抄出,这次抄录应该造成了较多的讹误,而此后天治本一直未经校勘。另一方面,出现天治本正确而享和本错误的情况,也是合理的现象。

我们在比较天治本和享和本的过程中,也找到了一些享和本更加接近祖本的直接证据。这些证据说明,享和本系在从昌住十二卷本抽绎而出的时候,誊写的质量就高于天治本。

第三,天治本的序文中提到的总字数与享和本不一致,且天治本各个部首中实际收录的字数普遍要比在部首前标注的字数多。可能是由于法隆寺僧人在抄写天治本时对内容有所补充,因为补充了内容,所以径改了昌住序言中提到的总字数。

(二)保孝本与享和本的关系

保孝本和享和本在文字上互有错讹。保孝本质量较高。两个版本的差异可以分为四种情况:

1. 享和本正确而保孝本讹误

【1】(享)《天部》:吞,或作炅。

(保)《天部》:吞,或作昊。

按:保孝校订作"炅"。

【2】(享)《日部》:晒,山賣反。

(保)《日部》:晒,山奠反。

按:保孝注:"《玉篇》《广韵》作所卖反。据按'奠'恐'賣'讹。"

【3】(享)《雨部》:霖,微雨也。

(保)《雨部》:霖,微也。

按:保孝本脱"雨"字。保孝注:"《字汇》:'小雨也。据按"微"下恐脱"雨"字。'"

【4】(享)《人部》:债,徵也,求也。

(保)《人部》:债,微也,求也。

按:《广韵·卦韵》:"债,徵财。"保孝本"微"当为"徵"讹。

【5】(享)《衣部》:襁,九合反。束小儿背带。

(保)《衣部》:襁,束上儿背带。

按:《玉篇·衣部》:"襁,襁褓,负儿衣也。……以负儿于背上也。"保孝本"上"当为"小"讹。

【6】(享)《金部》:鐕,无盖钉也。

(保)《金部》:鐕,无盖针也。

按:《玉篇·金部》:"无盖钉也。"保孝本"针"当为"钉"讹。

【7】(享)《木部》:栕,触也。拓也。

(保)《木部》:栕,触也。栢也。

（天）《木部》：柣，触也。柏也。

按：《玄应音义》卷一"柣触"条注引《字统》："柣，触也。"《集韵·铎韵》："拓，手推物也。""拓"与"触"义相近，当是对"触"的进一步解释。保孝本作"栢"、天治本作"柏"俱当为"拓"讹。

2. 保孝本正确而享和本讹误

【1】（享）《火部》：焚，快云、快芬二反。

（保）《火部》：焚，扶云、扶芬二反。

按：《广韵》作"符分切"，说明保孝本无误。享和本"快"当为"扶"讹。

【2】（享）《面部》：靦，娪也。羞也。

（保）《面部》：靦，姡也。羞也。

按：《玉篇·面部》："靦，姡也。"享和本"娪"当为"姡"字之讹。

【3】（享）《口部》：嚵，啗参初也。

（保）《口部》：嚵，啗嚵物也。

按：《集韵·咸韵》："嚵，啗嚵，物在口中。"《玉篇·口部》："嚵，口臽嚵物也。"据保孝本，享和本"参"当"嚵"讹，"初"当"物"讹。《玉篇》中"口臽"应为"啗"字的误写。

【4】（享）《耳部》：聐，護聐也。誼语也。

（保）《耳部》：聐，謹语也。誼语也。

按：《说文·言部》："謹，咩也。"《说文·耳部》："聐，驊语也。"段玉裁改"驊"为"謹"。保孝本作"謹"及段玉裁所改不误。享和本"護"当为"謹"讹。

【5】（享）《鼻部》：鼾，卧息。

（保）《鼻部》：齂，卧息。

按：《说文·鼻部》："齂，卧息也。"《广韵·怪韵》："齂，鼻息。"享和本"鼾"当为"齂"的形变。

【6】（享）《齿部》：齜，啮。

（保）《齿部》：齭，啮。

按：《礼记·曲礼上》："效犬者左牵之。"郑玄注："犬齭啮人，右手当禁备之。"陆德明《经典释文》："齭，本亦作噬。"《广韵·支韵》："齜，齿斷。"享和本"齜"

当为"齷"讹。

【7】(享)《心部》：愁惕飫，却励反。息也。

(保)《心部》：愁惕屓，却励反。息也。

按：《玉篇·尸部》："屓，今为憩。"享和本"飫"当为"屓"讹。

【8】(享)《心部》：恕，活戈反。谐也。调也。

(保)《心部》：恝，活戈反。谐也。调也。

按：《龙龛手镜·心部》："恝，音和。琳法师云，僻字也。今作'和'字。"享和本"恕"当为"恝"讹。

【9】(享)《女部》：嬧，祛也。弃也。

(保)《女部》：嬧，耘也。弃也。

按：《国语·晋语五》："冀缺嬧。"韦昭注："嬧，耘也。"享和本释义"祛"当为"耘"讹。

【10】(享)《马部》：驰，牵也。行也。

(保)《马部》：驰，奔也。行也。

按：《玉篇·马部》："驰，走奔也。"享和本"牵"当为"奔"讹。

【11】(享)《山部》：崀，鱼偃反。徥脣谓之崀。

(保)《山部》：崀，缓脣谓之崀。

按：《一切经音义》引《通俗文》："缓脣谓之崀礹。"享和本字头"崀"当为"崀"讹；释义"徥"当为"缓"讹。

【12】(享)《水部》：沄，混流也。

(保)《水部》：沄，湝流也。

按：《说文·水部》："沄，湝流也。"享和本"混"当为"湝"讹。

【13】(享)《木部》：榑榜，脇也。壁也。肩也。杜也。

(保)《木部》：榑榜，脇也。壁也。肩也。柱也。

按：朱骏声《说文通训定声·木部》："榑，字亦作榜，不省。"《说文·木部》："榑，壁柱也。"享和本"杜"当为"柱"之讹。但保孝本"壁也""柱也"的释义不确，是拆解了释义造成的，应为"壁柱也"。

【14】（享）《木部》：檡，杍枣。

（保）《木部》：檡，梓枣。

按：《玉篇·木部》："檡，梓枣也。"享和本"杍"当为"梓"讹。

【15】（享）《廾部》：蕢，不或反。

（保）《廾部》：蕢，不戒反。

按：《广韵》："蕢，胡介切。"享和本"或"当为"戒"讹。

【16】（享）《禾部》：秆稈，禾筌也。

（保）《禾部》：秆稈，禾茎也。

按：《广韵·旱韵》："稈，禾茎。秆，上同。"享和本"筌"当为"茎"讹。

【17】（享）《虫部》：蜡，思间、思举二反。蚣也。

（保）《虫部》：蝑，思间、思举二反。蚣也。

按：《说文·虫部》："蜙，蜙蝑。以股鸣者。蚣，蜙或省。"享和本字头"蜡"当为"蝑"讹。

【18】（享）《㸃部》：斋，裳下绪也。

（保）《㸃部》：斋，裳下缉也。

按："斋"为"齋"的通假字。《孟子·滕文公上》："三年之丧，斋疏之服，飦粥之食。"孙奭疏："齋疏，齋衰之服。"阮元校勘记："闽、监、毛三本，孔本斋作齐，韩作齋。《音义》作齍。……作齋者，正字也。"《说文·衣部》："齋，缏也。"钮树玉校录："《韵会》引下有'裳下缉'三字。"此条保孝本正确，且印证《说文》原本下应有"裳下缉"三字。享和本"绪"当为"缉"之讹。

3. 两个版本均讹误

【1】（享）《日部》：冐，治右反。后也。续也。胤也。

（保）《日部》：曺，治右反。后也。续也。胤也。

按："冐""曺"皆是"胄"的形近讹字。保孝注："按，《说文》'曺'从肉，胤也。'曺'从曰，兜鍪也。并字体相近，故混收日部。"

【2】（享）《日部》：瞟，欲於也。

（保）《日部》：瞟，欲幹也。

按：保孝校注，字头当作"曔"。《玉篇·日部》："曔，欲幹也。"保孝校勘正确。

【3】（享）《言部》：諤，诈也。忘也。

（保）《言部》：諤，作也。忌也。言也。

按：保孝注："真末按，'作'恐'诈'讹。《说文》：'忘言也。'据按，'忌'恐'忘'讹。"《说文·言部》："諤，忘言也。"享和本和保孝本各有讹误。两个版本相对照，应为：諤，诈也。忘言也。

【4】（享）《金部》：锟，铫也。车。

（保）《金部》：锟，鉟也。车。

按：《方言》卷九："锟，车釭。""铫""鉟"均应为"釭"字之讹，且释义有脱文。

【5】（享）《卄部》：蒩蒩，同。侧鱼反。

（保）《卄部》：蒩，同。侧鱼反。

按：享和本两字头相同，显然有误。保孝本只有一个字头，但释义仍说"同"，可以推知原本应该有两个不同的字头，但在传抄过程中两字头相混，成了享和本的情况。而保孝本盖因底本字头相同，因而删去一个。底本另一字头应作"葅"。《玉篇·卄部》："葅，同蒩。"

4. 两个版本用字不同

享和本与保孝本在用字上有所差异，保孝本偏向用古字形，享和本则多改用后世流传的今字形，这反映了两个版本来源的不同。

【1】（享）《肉部》：腭齶，齿所居也。

（保）《肉部》：腭齾，齿所居也。

按：《字汇·肉部》："腭，与齶同。"《龙龛手镜·齿部》以"齾"为"腭"的俗字。证明三个字形均不误。但底本应有不同的来源。

【2】（享）《口部》：咀，嚼也。含味也。

（保）《口部》：咀，噍也。含味也。

按：《集韵·药韵》："嚼，或作噍。"保孝本"噍"为"嚼"的异体字，也为《集韵》以"噍"为"嚼"的异体字提供了例证。

【3】（享）《女部》：媷，如托反。女号。

（保）《女部》：媷，如托反。女字。

按：《说文·女部》："姌，女号也。"《玉篇·女部》《广韵·志韵》："姌，女字。"

【4】（享）《土部》：坤，崩崖也。

（保）《土部》：坍，崩崖也。

按：《篇海类编·地理类·土部》："坤，同坍。"

【5】（享）《金部》：釭，镫也。

（保）《金部》：釭，灯也。

按：《说文·金部》徐锴系传："釭，今谓镫为釭。"《集韵·冬韵》："釭，镫也。"《说文·金部》："釭，车毂中铁也。"段玉裁注："俗谓膏灯为釭。亦取凹处盛膏之意。""釭"兼有"车毂中铁"和"灯"两个词义，享和本和保孝本分别解释了这两种意义。

【6】（享）《金部》：鐖，居沂反。钓也。淂鱼金也。

（保）《金部》：鐖，钓也。得鱼金也。

按："淂"用同"得"。《正字通·水部》："淂，今俗以淂为得。"

【7】（享）《木部》：楾，赤椤也。

（保）《木部》：楾，赤罗也。

按：《说文·木部》："楾，罗也。"《玉篇·木部》："椤，槞木也。"《集韵·戈韵》："椤，槞木别名。"《广雅·释宫》："椤，杝也。"王念孙疏证："椤，字通作罗。""罗""椤"二字可通，享和本与保孝本当是用字不同。

【8】（享）《木部》：樗，欂字。

（保）《木部》：樗，欂字。

按：《说文·木部》："樗，木也。以其皮裹松脂。从木，雩声。读若华。欂，或从蒦。"《字汇补·木部》："欂，音未详，草名。《尔雅》：'欂，含。'"《尔雅》正字作"欂"。可见《字汇补》误"欂"为"欂"。据享和本和保孝本的不同，可知"欂"即"欂"的俗字。

【9】（享）《鸟部》：鵖，乳鸠，鸤鸠也。

（保）《鸟部》：鵖，鹆鸠，鸤鸠也。

按：《尔雅·释鸟》："隹其，鸨鵖。"郭璞注："今鹆鸠。"《埤雅·释鸟》："雏，……一名鹆鸠一名乳鸠……""乳"与"鹆"亦当是用字的不同。

有了上文对于天治本和享和本关系的讨论，再来讨论享和本与保孝本的关系，则会方便一些：

第一，保孝本和享和本的内容基本一致，但是文字差异较大。这说明二者的祖本相同，都是我们前文所提到的享和系的祖本，但二者的直接底本可能不是同一个。保孝本有大量与享和本不一致的地方，保孝本正确而享和本错误之处更多，而这些不同之处，多数在邱岬俊平的校勘记中没有提到。依陆可彦所说，享和本《新撰字镜》是经过精心校勘的，如果二者底本相同，或者保孝本底本在陆可彦、邱岬俊平所访得的十几个版本之中，那么陆可彦、邱岬俊平等人对此不可能不加以注意，并在享和本中改正。所以更大的可能是保孝本的底本与享和本不同，而且是陆可彦、邱岬俊平所未见过的。

第二，虽然两个版本多有不同，但这些差异绝大多数属于字形相近而讹写的情况。这说明二者的祖本应是同一个，而且自昌泰年间《新撰字镜》写定之后，一直没有经历过大的改动。有一些情况是两个版本均有讹误，讹误的情况十分近似但又不完全相同，这一点也可以说明二者祖本相同，在传抄过程中各自致误。

第三，从"咀""坤""楾""樗""鸦"这些字条的释义用字可以发现，《新撰字镜》在流传过程中，文字形体经过了抄写者有意或无意的改动，这些改动主要是用后代的俗字改动了前代的字形。这种改动在享和本和保孝本中都有，但保孝本的改动情况要略少于享和本。这说明保孝本及其底本一系，在传抄过程中更加严谨，这也可以印证保孝本的讹误要比享和本少的原因。

（三）享和本与群书本的关系

群书本与享和本的差别较小，因群书本成书较晚，所以有可能就是在享和本的基础上略加校勘、修订而成的。从内容上来看，群书本主要是订正了享和本中一些文字错误。

【1】（天）《山部》：嶚，鲁彤、力了二反。山曲。宇太乎利。

（享）《山部》：嶚，鲁彤、力了二反。山高相房也。井太乎利。

（群）《山部》：嶚，鲁彤、力了二反。山高相戾也。山曲也。

按：《文选·张衡〈南都赋〉》"嶿岉嶚刺"李善注："嶚，山高相戾也。"享和本

"房"当为"庆"讹。

【2】（天）《木部》：柙，古连反，入。槛也。于波志万土。

（享）《木部》：柙，古筷反，入。槛也。于波志万土。

（群）《木部》：柙，古连反，入。槛也。于波志万土。

按：《说文·木部》："柙，槛也。以藏虎兕。"群书本释义不误。

【3】（天）《彡部》：鬘，哉从反，上。角非，束髪。

（享）《彡部》：鬘，哉从反，上。角廿，束髪。

（群）《彡部》：鬘，哉从反，上。角卯，束髪。

按：《广韵·谏韵》："卯，鬘角也。""非""廿"均为"卯"之讹。

【4】（天）《米部》：粳，柯皷反。饘。

（享）《米部》：粳，柯鼓反。饘。

（群）《米部》：粳，柯彭反。饘。

按：《广韵》"粳"作"古行切"，在庚韵。《广韵》"彭"作"薄庚切"，反切下字当为"彭"，群书本正确，天治本和享和本皆误。

【5】（天）《禾部》：稀，九希反。禾踈也。小也。宁也。

（享）《禾部》：稀，几希反。禾踈也。小也。宁也。

（群）《禾部》：稀，几布反。禾踈也。小也。宁也。

按："稀"从"希"得声。群书本反切"布"当为"希"讹。

四、《新撰字镜》与《名义》《残卷》的比较

《名义》主要以原本《玉篇》为蓝本抄录，一般被看作是原本《玉篇》的简编本。《新撰字镜》中的部分内容亦来源于原本《玉篇》，并且在抄录中也有省略。但是，二者的抄录方式不同，保存的释义内容亦有较大差别。本节就三者的差别进行比较，选取的材料是《新撰字镜》中比较明确来源于原本《玉篇》的内容，而原本《玉篇》中该部分内容没有散佚的条目。

本书所依据的《残卷》底本，是《续修四库全书》第228册所收的《玉篇》残卷。该版本《玉篇》残卷是据中国科学院图书馆藏日本昭和八年京都东方文化学院编东方文化丛书本影印，是国内质量最好的《残卷》影印本。

《新撰字镜》与《名义》应该是分别抄录《残卷》的，《名义》成书比《新撰字镜》早四十余年，但《新撰字镜》应该不存在直接抄录《名义》的可能。《新撰字镜》和《名义》在释义方式上的相似之处，如释义简略作"A 也、B 也"的形式，应该是受当时日本辞书编纂通例的影响造成的。

《新撰字镜》与《残卷》字序一致，但多有脱漏，这是为了避免字头重出而有意为之。

《新撰字镜》《名义》与《残卷》一致的部分，均为《新撰字镜》和《名义》节抄《残卷》而来，二者的字序都与《残卷》一致。但是，《名义》与《残卷》的字头对应较为严密，很少有脱漏的字头，而《新撰字镜》的脱漏字头较多。脱漏字头在《新撰字镜》同部首中其他位置一般都已经出现了，说明昌住从别的材料中已经引了相关字头，因此在引《残卷》时有意删去，以避免字头重出。我们以"言部"的字为例，说明这一现象：

字序[1]：（1）詯（2）誄（3）誅（4）誎（5）魏（6）譜（7）［詎］（8）響（9）訐（10）䜭（11）［譇］（12）［誇］（13）譎（14）［讘］（15）［誤］（16）譓（17）譓（18）［計］（19）謝（20）諫（21）譂（22）譀（23）誏（24）詚（25）誧（26）讀（27）訅（28）誕（29）［諫］（30）墥（31）諕（32）譺（33）［諳］（34）［譖］（35）讗（36）［譩］（37）［謙］（38）諑（39）［誧］（40）［訨］（41）譑（42）［譖］（43）譆（44）［諫］（45）訽（46）諸（47）［誑］（48）誺（49）譺（50）垢[2]（51）譖（52）［誀］（53）［謣］（54）［訛］（55）［敨］（56）［䴈］（57）［訋］（58）［諢］（59）詷（60）譂[3]（61）譖（62）韵（63）［訡］（64）譾（65）［詪］（66）［譜］（67）詑（68）［譓］（69）譧（70）［诧］（71）［諺］（72）訊

《新撰字镜》与《残卷》相对应位置中未收的字，在"言"部他处基本都收了，只是来源不据《残卷》。这也反映出昌住在编纂《新撰字镜》的过程中，是有意删去了重出的字头。

---

[1] 字序部分以《残卷》为基础。"[ ]"中的字表示《新撰字镜》所缺。

[2]《残卷》《新撰字镜》《名义》字形均作"垢"。《新撰字镜》"垢"下另收字头"譎"，释义作"上字"，指同"垢"字。说明《新撰字镜》在抄录《残卷》过程中，还补充了一些异体字形。

[3]《新撰字镜》"譂"字下另有一字"译"，《残卷》《名义》无。

(一)校释《残卷》内容

《新撰字镜》所抄录的《残卷》版本，与我们今天看到的《残卷》并不相同。《残卷》几经转抄，文字上已有许多讹误。其中有些讹误，恰可以用《新撰字镜》保留的《残卷》内容加以校勘。我们将《新撰字镜》中可以用以校勘《残卷》的条目列表如下（表2-1）：

表2-1 利用《新撰字镜》校勘《残卷》表

序号	字头	《新撰字镜》	《名义》	《残卷》
1	諹	余谭反。谨。	余障反。谨也。	除障反。《坤苍》："諹，谁也。"
2	欢	呼官反。乐也。懽字。	呼官反。乐也。懽，古文。	呼官反。《尚书》："公功肃衍祗欢。"孔安国："也或为懽字。"在心部。
3	欧	丘涉反。愒欲也。	丘涉反。愒欲也。	丘涉反。《坤苍》："欧，欲也。"
4	欼	丘凡反。谓多智。	丘月反。谓多智也。	丘凡反。《字书》："欼，请多智也。"
5	馠	于刼反。饵也。粱也。	于劫反。粱也。	于劫反。《方言》："饵或谓之馠。"《广苍》："馠，深也。"
6	绌	式出反。缝也。紩也。衣也。	式出反。绛也。	式出反。《史记》："却冠鉥绌。"徐广曰："绌，绛也。紩之别名也。"《苍颉篇》："紩也。"
7	緢	夫元。马髦之饬也。	扶元反。马发。（字头作繁）	扶元反。《说文》："马髦髦饰也。《春秋传》'可以称铃繁乎'是也。"（字头作繁）
8	紃	且骨反。索也。	且骨反。素也。	且骨反。《字书》："紃，素也"。
9	善	是阐反。吉也。佳也。大也。善字。	是阐反。告也。工也。佳也。太也。	是阐反。《说文》：篆文"譱"字也。譱，吉也，工（也）。徏也，大也，在誩部。或为"善"字，在口部。
10	緞	古加反。鞎也。鞎也。履跟。	胡加反。根也。	胡加反。《说文》：亦鞎字也。鞎，跟也，在韦部。或为鞎字，在革部。

（1）《玉篇·言部》："諹，与章切。誉也。谨也。又余亮切。"《集韵·漾韵》："諹，《字林》：'谨也。'"《新撰字镜》《名义》引《残卷》均作"谨也"，可证《残卷》本亦作"谨也"，"谁"为"谨"的形近讹字。

（2）《玉篇·欠部》："欢，喜乐也。"《残卷》中无释义，只有引书。但《新撰字镜》《名义》均抄录有释义"乐也"，盖《残卷》本有释义"乐也"，因抄录脱漏

039

（3）《玉篇·欠部》："歐，欲也。"《广韵·叶韵》："歐，愒欲。"《集韵·叶韵》："歐，贪。"《尔雅·释言》："愒，贪也。"《玉篇·心部》："愒，贪羨也。""歐"的词义为"贪欲"，并非一般的欲望。因此《新撰字镜》《名义》引作"愒欲"，当有依据。《残卷》或脱"愒"字，《玉篇》因袭而讹。

（4）《名义》《残卷》字头作"欯"。"欯""歐""欯"三字并为异体字关系。《字汇补·欠部》："欯，与歐同。"《改并四声篇海·欠部》引《玉篇》："歐，多智也。"《字汇·欠部》："歐，多智慧也。"《玉篇·欠部》："欯，多智也。"《广韵·凡韵》："欯，多智慧也。"《残卷》"请"当为"谓"字之讹。

（5）《玉篇·食部》："馦，叡也。"《广韵·业韵》："馦，粲也。"《新撰字镜》《名义》引《残卷》俱作"粲也"，说明《残卷》本作"粲也"，"深"为"粲"的传抄讹字。胡吉宣《玉篇校释》"馦"条："原写作深也，于义不合，形之讹也。"胡氏之说当从。《汉语大字典·食部》（第二版）"馦"字头第二个义项为"深"。所引书证为《玉篇零卷·食部》引《广苍》："馦，深也。"这是因袭旧说而造成的错误。

（6）《说文·糸部》："绌，绛也。"段玉裁注："此'绌'之本义而废不行矣。《韵会》'绛'作'缝'，非也。"《史记·赵世家》："却冠秫绌。"骃案：徐广曰："《战国策》作'秫缝'，'绌'亦'缝絉'之别名也。……此盖言其女功针缕之麤拙也。"《说文·糸部》："絉，缝也。"《说文》《残卷》俱以"绛"释"绌"，"绛"当为"缝"讹。"缝"的异体字形作"绛"，极易与"绛"字相讹。《新撰字镜》作"缝"，说明《残卷》本亦当作"缝"，传抄过程中讹作"绛"字。《说文》亦可能发生了类似的传抄讹误。段玉裁认为"绌"的本义为"绛"，并没有相应的证据。

（7）《残卷》糸部："繁，扶元反。《说文》：'马髦馛饰也。'《春秋传》'可以称铃繁乎'是也。""緋，《说文》亦繇字也。"今本《说文·糸部》："繇，马髦饰也。《春秋传》曰'可以称旌繇乎？'"《残卷》字头"繁"当为"繇"讹。

（8）《玉篇·糸部》："紉，索也。"《广雅·释诂三》："紉，索也。"王念孙疏证："紉之言切也。谓切捻之使紧也。亦通作切。"《残卷》《名义》"素"当为"索"讹。《新撰字镜》作"索"不讹。

（9）《广雅·释言》："善，佳也。"《新撰字镜》《名义》并作"佳"，《残卷》作

"徍","徍"当为"佳"讹。

（10）《说文·韦部》："韤，履也。"《玉篇·韦部》："韤，履根。"《广韵·麻韵》："韤，履跟后帖也。"《残卷》作"跟也"，或脱"履"字。

（二）《新撰字镜》引《残卷》详实准确

杨守敬在《日本访书志》中对《名义》与《新撰字镜》引《残卷》的特点，有过这样的论述："今顾氏原本虽不得见其全，而日本释空海所撰《万象名义》，其分部隶字，以此残本校之，一一吻合，则知其书皆据顾氏原本，绝无增损凌乱。又日本僧昌住《新撰字镜》，其分部次第虽不同，而所载义训较备。"[1]

杨氏所说的特点，从三书的比较中可以明显看到。"义训较备"，主要表现在两个方面：一是《新撰字镜》引《残卷》义项较《名义》更多；二是《名义》引《残卷》文字上屡有讹误，而《新撰字镜》往往无误，因此可以利用《新撰字镜》校勘《名义》。我们将这部分材料举例列表如下（表2-2）：

表2-2　利用《新撰字镜》校勘《名义》表

序号	字头	《新撰字镜》	《名义》	《残卷》
1	䩭	尤月反。菜也。希。	禹月反。采。	禹月反。《说文》："䩭采也，也一名事马君也。"《苍颉篇》："希緫類也。"
2	欤	于诃反。欧欤也。极也。	于讶反。驴鸣也。极也。鸥字。	扵讶反。《苍颉篇》："吹欤也。"《字指》："欤，驴鸣也。"《广雅》："欤，极也。"
3	誎	呼历反。私讼也。阋。佷也。内侮也。	呼历反。私讼也。恨也。内侮也。	呼历反。《苍颉篇》："私也。"《声类》亦閲佷字。阋，内佷也，侮也，在门部。
4	譈	达计反。諲譈也。审谛也。	达计反。审譈也。	逵计反。《方言》："諲譈也，吴越曰諲谛。"郭璞曰："亦审谛也。罕见其义也。"
5	譎	吐和反。慧为譎。今通语。	吐和反。通语也。	吐和反。《方言》："楚或谓慧为譎。"郭璞曰："亦今通语也。"

---

[1] 杨守敬：《日本访书志》，载《杨守敬全集》（第8册），湖北人民出版社，1997年，第83页。

续表

序号	字头	《新撰字镜》	《名义》	《残卷》
6	彝	与止反。尊也。常也。解也。法也。器也。	余之反。尊也，法也，常也。	余之反。《周礼》："司尊彝掌六尊六彝之位：春祠夏礿，祼用鸡彝、鸟彝。秋尝冬烝，祼用斝彝、黄彝。四时之间祀，祼用虎彝、蜼彝。"郑玄曰："彝亦尊也。爵坐曰彝，彝，法也，言为尊之正也。"《尔雅》："彝，罍器也。"又曰："彝，常也。"野王案，《尚书》"无从匪彝""彝伦攸彝"是也。或为彝字在（素）部。古文为𢑚字，在𦎫部。
7	繎	余灼反。丝色。	余均反。	余均反。《说文》："繎，丝色也。"
8	缳	古串反。还也。络也。虹也。繻也。	禹善反。还也。是也。繻也。	禹善、胡串二反。《国语》："缳山拎有宇。"贾逵曰："缳，还也。"《方言》："所以悬榑也。"宋魏江淮之间谓之缳，或谓之环。《说文》："缳"是也。野王案，《羽猎赋》"虹蜺为缳"是也。《苍颉篇》："缳，繻也。"
9	絿	巨周反。急也。求。	渠周反。色也。求也。	渠周反。《毛诗》："不竞不絿。"传曰："絿，急也。"《广雅》："絿，求也。"
10	纄	力卧反。木〈不〉紃也。不均也。	力卧反。不匀也。	力卧反。《说文》："不紃也。"《苍颉篇》："不匀也。"
11	繂	甫一反。止也。缝也。	《名义》失收此字	補謐、補蔑二反。《仪礼》："冠六升，外繂缨条，属猷。"郑玄曰："繂谓缝，着于武也。"《考工记》："天子圭中繂。"郑玄曰："繂谓以组约其中大为执之俙其失坠也。"《说文》："繂止也。"《埤苍》："冠缝也。"
12	绛	古向反。绯。大赤缯。	古贛反。赤缯。	古贛反。《说文》："大赤缯也。"《苍颉篇》："绛县在河东。"野王案，晋所都也。《左氏传》"自雍及绛"是也。（字头作絳）
13	绳	古本反。绳也。织成带也。	古本反。绳也，识成带。	古本反。《毛诗》："竹閞绳腾。"传曰："绳，绳也。"《说文》："织成带也。"
14	緁	且妾反。缏繦也。袍也。索也。弭也。	且立反。素。	且立反。《丧服传》："斋緁也。"野王案，谓紩常下也。《汉书》："緁以扁绪。"晋灼曰："以扁诸缝着衣也。"《说文》："缏繦緁也。"《广雅》："緁索也。"或为"缉"字。
15	袺	止烈反。坚也。亵也。	思裂反。坚也。	思裂反。《论语》："袺，亵长短右袂。"《苍颉篇》："袺，坚也。"《字书》亦"亵"字也，亵私服也。燕衣也，在衣部。

续表

序号	字头	《新撰字镜》	《名义》	《残卷》
16	緧	且字反。紂也。鞦也。（从緵而来）	且牛反。字。	且牛反。《考工记》："车下陁，不援其邸，必緧其牛后。"郑衆曰："緧，紂也。"《方言》："紂，自關而東周、洛、韓、鄭、汝穎而東谓之緧也。"
17	纆	亡六反。采薪绳。	文勒反。索也。	文勒反。《周易》："系用繳纆，寘于叢棘。"野王案，《说文》纆，索也。《淮南》共擔纆采薪是也。
18	愀	子陆反。愁皃。	子陆反。蹙，愁皃也。	子陆反。《说文》："愀，愁皃也。"《孟子》曰："曾西愀然"是也。
19	吔	于佳居携二反。哇字。声也。讴也。邪也。接也。	于佳反。哇字。讴也。邪也。	于佳、居携二反。《字书》或哇字也。哇，声也，讴也，邪也，在口部。

从以上内容的对比可以看出，杨守敬对《新撰字镜》"义训较备"的评价，是言之成理的。

例5，《名义》"譆"字释义为"通也。语也"，实际完全误抄了原本《玉篇》的释义。《新撰字镜》释义作"慧为譆。今通语"，不但保留了准确的释义，而且指出"譆"为通语，可以校正《名义》的释义。

例7，"纅"字《名义》漏收释义，《新撰字镜》收释义"丝色"，出自原本《玉篇》，所收不误。

例9，"綠"的释义《名义》作"色也"，《新撰字镜》《残卷》并作"急也"。《说文·系部》："綠，急也。"《名义》"色"当为"急"讹。

例15，"結"字的释义，《新撰字镜》较《名义》多了"褒也"，该释义出自原本《玉篇》，所收不误。

（三）保留字际关系信息

原本《玉篇》的释义中有很多表明字际关系的信息，包括古今字、分化字、假借字等一系列的字际关系。《名义》在抄录原本《玉篇》的过程中，把其中大部分字际关系的信息删除了，《玉篇》中也没有保留相关信息。这对我们利用古代字书进一步研究字际关系和词义训释，造成了诸多不便。

所幸原本《玉篇》中的字际关系信息被《新撰字镜》保留了一部分，通过《新撰字镜》的记载，可以窥探《残卷》对字际关系的训解，这部分材料列举对照表如下（表 2-3）：

表 2-3　《新撰字镜》《名义》《残卷》字际关系对照表

序号	字头	《新撰字镜》	《名义》	《残卷》
1	詯	詯，充向反。唱字。唱导也。发歌句也。先也。又䪡字。	充尚反。唱字也。导也。先也。发歌也。句也。	充向反。《字书》或唱字也。唱导也。发歌句也，先也，在口部。或为䪡字，在龠部也。
2	祅	于骄反。祙字。灾也。	于骄反。灾也。	于骄反。《字书》亦祅字也，祅，灾，地反物为祅。字在示部。
3	媿	妫媚反。愧媿二字同。	妫媚反。愧也。慙也。耻也。	妫媚反。《字书》亦愧字也。慙也，耻也，在心部。或为媿字，在女部。或为聭字，在耳部。
4	曏	虚尚反。暴字，即曩也。不久也。	虚尚反。曩，不久也。	虚向反。《字书》或暴字，暴，曩也，不久也，在日部。
5	懜	爲刿反。德字。梦言意不諅。	爲刿反。梦言意不諅。	爲刿反。《声类》或德字也。德，梦言，意不諅也，在心部。
6	譒	公核反。杢也。憰字。智也。	公核反。慧也。點也。智也。	公核反。《广雅》："譒，慧也。"《埤苍》："譒，點也。"《字书》亦憰字。憰，智也，在心部。
7	譓	胡桂反。慧字。才智也。儜也。察也。	胡桂反。智也。察也。从也。儜也。	胡桂反。《字书》或慧字也。慧，才智，儜也，察也，在心部也。
8	憞	治遂反。对字。怨也。	治遂反。怼也。怨也。	治遂反。《字书》亦对（怼）字也，怼，怨也，在心部也。
9	譚	毕谧反。趣跸僻三形同。止行也。	毕谧反。行也。	毕谧反。《字书》或趣字也，趣，止行也，在走部。《声类》或为"跸"字，在足部。或为"僻"字，在人部。
10	譈	徒对反。憝字。恶也。怨也。	徒对反。恶也。怨也。	徒对反。《字书》或憝字也，憝，怨也，恶也，在心部。
11	誏	旅党反。朗字。明也。瞷字。	旅党反。朖字。明。	旅党反。《字书》亦"朖"字也。朖，明也，在月部。古文为"瞷"字，在目部也。

续表

序号	字头	《新撰字镜》	《名义》	《残卷》
12	讀	侧革反。谪也。让也。责字。啧同。呼也。怒也。	侧革反。谪也。怒也。让也。啧也。呼也。	侧革反。《苍颉篇》："讀，谪也。"《广雅》："讀，怒也。讀，让也。"今并为责字，在贝部。《说文》："亦啧字也。啧，呼也，"在口部。
13	蓳	丁迥反。谲也。我是也。捯，摘也。敦字。	丁田反。谲也。	丁迥反。《苍颉篇》：谲也。《诗》云'王事蓳我'是也。野王案，《毛诗笺》云："蓳摘，犹投也。"今并为"敦"字，在攴部。训摘，亦与"硾"字同，在石部。或为"捯"字，在手部。
14	諛	力足反。谵也。	力足反。谵也。	力足反。《字书》："亦諛譖（譖諛）也。"
15	訑	戈支反。浅意也。訑字。	戈支反。浅。意也。	戈支反。《孟子》："苟不好善，则人将曰訑訑。予既已知之矣。"刘熙曰："訑訑，自得皃也。"《广苍》："《诗》云：'訑訑硕言。'"野王案，《毛诗传》："訑訑，浅意也。"为蛇字，在它部，《字书》："言皂。"（字头作訑）
16	纸	止氏反。笘也。絮也。帋字同。	之是。笘也。絮。	之是反。《东观汉记》："蔡伦典作纸。尚方所谓蔡侯纸者也。"《说文》："纸，笘也。一曰：絮也。"或为帋字，在巾部。
17	緧	安用反。鞧也。窒也。毳饰也。	如用反。鞍毳餝。	如用反。《字书》："亦鞧字也。"鞧，鞍毳餝也，在革部。
18	緁	徂各反。筰也。竹绳也。	徂各反。竹繩。	徂各反。《山海经》："（緁）姑之水出阳华山，东注于门外。"《字书》亦筰字也。筰，竹绳也，在竹部。
19	欹	呼麦、于陆二反。吹气也。喊字。	于陆反。吹气也。	呼麦、于陆二反。《说文》："吹气也。"《字书》亦喊字也。喊，声也，在口部。
20	歌	居何反。咏也。謌哥二形同。	古何反。咏也。讴也。	古何反。《说文》："咏歌也。"或为謌字，在言部。古文为哥字，在可部。
21	欨	尤出反。诠词也。聿字。	尤出反。诠词。	尤出反。《说文》："诠词也。"《诗》云："欨求报宁"是也。野王案，今并为聿字，在聿部也。《苍颉篇》："喜兒也。"

(四)《新撰字镜》《名义》引原本《玉篇》之不同

《新撰字镜》《名义》《玉篇》都截取抄录原本《玉篇》中释义,但是三者抄录的具体内容又不尽相同。这样,三者就形成了互相补充、互相阐发的关系。可以利用三者的相同和不同之处,更全面清晰地了解《残卷》散佚部分的面貌。这里我们仅对原本《玉篇》没有散佚的部分,对比《新撰字镜》和《名义》引文的不同,列举对照表如下(表2-4):

表 2-4《新撰字镜》《名义》引原本《玉篇》对照表

序号	字头	《新撰字镜》	《名义》	《残卷》
1	緺	口屯反。梱也。致也。织也。就也。齐。	口绳反。致也。织也。就也。䓁。	口绳反。《字书》:亦捆字也。捆,致也,织也,就也,齐䓁也,在手部。
2	㰤	胡来反。咲也。哈也。	呼来反。噗不坏颜。	呼来反。《说文》:"噗不懷頉也。"《广雅》:"㰤,咲也。"野王案,亦与哈字同,在口部。
3	歈	掎锦反。饮酒浆也。又掎鵋反。饮字。㱃,上古文。	猗锦反。歈也。	猗锦反。《周礼》:"膳夫掌五食之飲。"郑玄曰:"飲酒浆也。"又曰:"酒止掌四飲:一曰清,二曰醫,三曰浆,四曰酏。"又曰:"浆人掌王之六飲:一曰水,二曰浆,三曰礼,四曰凉,五曰医,六曰酏也。"《左氏传》:"率宁将飲酒。"野王案:《说文》:"饮,歈也。"谓凡斗物可歈者也。《丧服传》"蔬食水飲"、《论语》"飲水曲肱而枕之"是也。阙子"东面而射,飲羽于石梁。"野王案,飲羽谓没羽也。《左氏传》:"将飲马于阿。"野王案,以可飲之斗与人飲之曰饮。"酒我为女立之"、《礼记》"尔飲调何也"并是也。古文为㱃字,在水部。或为飲字,在食部。
4	㰻	舒辰反。呻字。吟也。	舒辰反。呻也。吟也。读书也。	舒臣反。《字书》:古文呻字也。呻,吟也,读书也,在口部。
5	誔	达冷反。訛。	达洽反。讫也。	达冷反。《广雅》:"誔,诡也。"
6	諸	上口反。诃奴。	上尸反。怒也。	上尸反。《埤苍》:"諸,诃怒也。赵魏云。"野王案,今谓举手相诃骂为□诸。是也。

续表

序号	字头	《新撰字镜》	《名义》	《残卷》
7	译	由历反。陈也。见也。传言也。	余石反。传也。见也。教道也。度语也。	余石反。《礼记》："五方之民，言语不通，嗜欲不同，达其志，通其欲，北方曰译。"郑玄曰："问之名也，依其事类耳。"《方言》："译，传也。译，见也。"郭璞曰："传语即相见也。"《说文》："传四夷之语也。"
8	繄	于奚（反）。獶〈褊〉也。小也。次里衣。繻也。	于奚反。青黑。	于奚反。《周礼》："安车繁総。"郑众曰："繄，青黑色也。"《方言》："繄裕谓之褊。"郭璞曰："即小儿次衰衣也。"《说文》："戟微也。"一曰赤黑色缯也。语发声为"繄"字，在言部。
9	繴	匕格反。捕鸟网。幡车也。罼也。	补戟反。幡车。	補戟反。《尔雅》："繴谓之罿，罿谓之罬。"郭璞曰："今幡车也。有两辕中施罔以捕鸟也。"《字书》或为"罼"字，在罒部。
10	縛	止昆反。布。	子昆反。衣如襜襦。	子昆反。《说文》："葴貉中，女子无绔，以帛为胫空，同〈用〉補絮核。名曰縛衣，狀如襜褕也。"《苍頡篇》："母縛，布名也。"
11	絔	戈宰反。弹彄也。絔，絖也。	翼宰反。弹彄也。紘也。	翼宰反。《说文》："弹彄也。"《苍頡篇》："絔結也。"
12	綑	几历反。氍布也。锦属文绣也。罽字。	几历反。氍布也。	凡厉反。《周书》："正西以白旄纰綑为献。"野王案：《说文》："西胡毳布也。"《汉书》："织罽刺文绣，贾人无得衣罽"是也。《尔雅》："氂，罽也。"郭璞曰："毛氂所以作罽者也。"或为氂字，在毛部。今或为罽字，在网部。
13	婽	无仰反。冈也。纲也。	无仰反。罗，冈字。	无仰反。《字书》亦閃字也。閃，罗也，在閃部。
14	歔	子合、千六二反。噈字。鸣。	子合反。噈字。鮕也。	子合、才陆二反。《说文》："鸣歔也。"野王案，口相鸣之声也。或为噈字，在口部。又音祖感反。《左氏传》："响有昌歔白黑形塩。"杜预曰："蒲菹也。鮕名歔。"《说文》为鱼字，在鱼部。

续表

序号	字头	《新撰字镜》	《名义》	《残卷》
15	欭	妨走、他豆二反。相与语，唾而不受也。燍唾也。	他豆反。诟也。唾也。	妨走、他豆二反。《说文》："相与语，唾而不受也。"《苍颉篇》："欭，话也。亦欭，软唾也。"或为唾字，在口部。
16	歕	呼昆反。	呼昆反。不可知。	呼昆反。《字书》："歕歕，不可知也。"

我们通过上表，列举了原本《玉篇》没有散佚的相关内容，目的是为了证明《新撰字镜》与《名义》相互补充、相互阐发的关系。对于原本《玉篇》散佚的内容，也可以用比较互证的方法，进一步加以研究。

第三章 文字研究

一、字形研究

《新撰字镜》保留了许多不见或罕见于汉文古字书和典籍中的异体字形，其中有些字形见于敦煌遗书中。这些字形与字书中的字形是并行发展的关系，主要是由异写、换符异构的手段产生的。这些字形没有被汉文字书收录，但《新撰字镜》将其收入，可能有两种情况：一是这些字形在汉字发展的历史上确实存在过，但汉文字书由于种种原因失收了；二是古代日本的学者在传播汉文典籍的过程中，仿照汉字构形的规律自造的字。由于资料缺乏，我们现在已经很难具体区分这两种情况了。

日本僧人由于汉字水平有限，对汉字构形理据的认识更为欠缺，因此在传抄过程中，更大程度上是依赖于构件的形体，这样，就很容易造成形体的变形。我们在本书中用"形变字"来称说这类字形。"形变字"指的是缺乏理据的字形变异，而有理据的异构现象，本书仍用"异构字"来称说，以示区别。

（一）异写字

王贵元先生认为，异写字是由书写原因造成的同一字形在笔划层次上的差异形体。异写字形体差异表现在笔划层面上，主要是笔划位置、笔划长短、笔划曲直、笔划增省、笔划分合等的变化。[1]《新撰字镜》中有很多字就是由于笔画层次上的差异，造成了书写的变化。

---

[1] 王贵元：《简帛文献字词研究》，中国社会科学出版社，2020年，第227页。

1. 笔画位置

笔画位置的不同，指的是有些异写字的笔画，较之通行字形，相同的笔画可能会处于不同的位置。另外，相对于通行字形，异写字可能会发生笔画的翻转现象。

【1】㞋（罛）[1]

《罓部》：㞋罛，二同。胡反。鱼罟谓罛，又大网。

按："㞋"字底本作㞋，其下构件"𠂔"为"瓜"的异写变异。《敦煌俗字典》收"瓜"的异写字作𠂔（S617），可与之相参。[2]

【2】䀲（䀹）

《目部》：䀲，古沼反，上。目重睑也。

按："䀲"底本作䀲。《玉篇·目部》："䀹，目重睑也。""䀲"当是"䀹"字构件变形，可以看作是笔画的位置发生了翻转。

【3】霎（霮）

《雨部》：霎，胡郭反。霮也。双字同。

按："霎"字底本作霎。《刊谬补缺切韵二·江韵》："双，亦霮。""霎"即应为"霮"的形变，笔画的位置关系发生了变异。

【4】炎（炒）

《火部》：炶炎，同作。胡甘反。炶字也。

按："炎"底本作炎。《玉篇·火部》："炶，亦作炎。"《集韵·谈韵》："炶，火上行。或作炒。"《集韵·谈韵》收"甘"的古文作𠙹，《说文》"甘"籀文作𠙵，𠙹当为𠙵的隶讹形体。炎其右作𠙹，当即为𠙹形的进一步形变，对笔画的位置进行了调整。因此"炎"其实即为"炒"的讹变形体。

【5】岪（芔）

《山部》：岪，许贵反，去。草之惣名。今作卉。

按："岪"字底本作岪，当为"芔"的形变字。构件"屮"发生了形近形变。

---

[1] 括号外的字形，是《新撰字镜》中的形体，一般用抄本的原字形。如果字形简单，便于隶定，个别情况也使用隶定字形。括号内的字形是该异体字的通行字形。

[2] 黄征：《敦煌俗字典》，上海教育出版社，2005 年。"S617"表示《敦煌俗字典》中对该字形来源的标号，可对照原书凡例，下同。

【6】犰（犰）

《犭部》：犰犰，音姦反。弘也。攀字。

按："犰"字底本作犰。《字汇·又部》："犰，同攀。""犰"当为"犰"构件变异的形变字。

【7】峇（崏）

《山部》：崇峇，二同。宿中反，平。高峻也。

按："峇"字底本作峇。《玉篇·山部》以"崏"同"崇"。"峇"当为"崏"的形变字。构件"示"形变作"六"。

【8】羖（羝）

《羊部》：羝，丁子反。羊之父。

按："羝"字底本作羖，当为"羝"字的异写，点画的位置发生了变化。

2.笔画形态

笔画形态的不同，是异写字中最为常见的一种现象，但也是表现较为驳杂的一类。汉字在隶变之后，笔画和笔画的组合，对于整字字形的构形功能下降。因此大量异写字的笔画也随之发生了形态上的改变。

【1】叚、叚（叚）

《人部》：叚叚，二，上同。（假）

按："叚"字底本作叚、叚二形，当为"叚"的异写字。笔画的形态有所不同，均为"叚"的书写变异。

【2】騵（騵）

《马部》：騵騵，同作。都年反。马项白也。

按："騵"字底本作騵，构件"十"因为笔画形态变异，变作"厶"形。

【3】飇、飈（飈）

《风部》：飈，俾遥反。暴风也。

飇飈，二，上字。

按："飇""飈"二字，底本作飇、飈。享和本"飈"下有四个字头，分别为"飈""飆""飇""飈"。《干禄字书》："飈飆，上俗下正。"《名义·风部》"飈"字的古字作䑕。䑕是"风"字古文"飌"的变体。《新撰字镜》作"飈"，当是飈形的进一步变形。"颰""飚"两字形体均不见于字书。《玉篇·风部》收"飙"的异体字形作"飑","颰"形可能是"飑"形的形变,"飚"可能为换符新造字。

【4】肬、䑈（彤）

《月部》：肬，徒宗反。赤也。丹饰也。

䑈蚼，二上字。

按："肬""䑈"二字底本分别作肬、䑈，"肬"当为"彤"的讹字，"蚼"当为"蚒"的讹字。《集韵·冬韵》："彤，《说文》：'丹饰也。'……又姓。或作蚒。"《新撰字镜》中"丹"往往讹作"月"。"䑈"形亦应为"䑈"的讹字。"䑈"不见于汉文字书。"赤"与"丹"意义相近，当是累加了表义的义符。

【5】䐚（骾）

《肉部》：䐚㮾，二同。古杏反。骾字。

按："䐚"底本作䐚。《说文·骨部》："骾，食骨留咽中也。"《正字通·骨部》："骾，省作骾。"《玉篇·肉部》："䐚，食骨留咽中，本从鱼。""骾"从肉、从骨为异体字。从"骨"的"骾"字，其声符有"更""㪅"两种写法保留在字书中；从"肉"的"䐚"字，可以类推声符也应有作"㪅"的，"㮾"即应为"㪅"的形变。

【6】瘦（瘦）

《广部》：瘦，所又反，去。臞〈臞〉也。无肉也。

瘦，上字。

按："瘦"字底本作瘦。《说文·广部》："瘦，臞也。从广，叜声。"《说文》"叜"字或体作叟，《慧琳音义》隶定作"俊","瘦"所从之形，应是"俊"形体的形变。

【7】爨、焣、焣、焣（爨、焣、焣、焣）

《灬部》：爨焣焣焣，四字，炊字。在火部。

按："爨""焣""焣""焣"，底本分别作爨、焣、焣、焣。《广韵·巧韵》："爨，同炒。"《玄应音义》卷三："古文'焣焣'二形，今作'䴬'。崔寔《四民月令》作'炒'。"《集韵·巧韵》："䴬，《说文》：'熬也。'或作'炒'，亦书作'焣'。"据此，"爨焣焣"对应的字书中的形体分别为"爨焣焣"，均是构件形变造成的字形变异。

【8】㾛（癍）

《疒部》：癍，乌鲜反。本作。病声。

按：《广韵·卦韵》"乌懈切"："癍，病声。""㾛"为"癍"的形变字。

【9】爎燢（爎）

《火部》：爎燢，二同。力照反。炙也。

按：《龙龛手镜·火部》以燢为"爎"的俗字，当为更换声符的异构字。"燢"形其右所从𩕄，即为燢其右所从"巢"形的讹变。当为"巢"形受上字"爎"影响产生的讹变。

【10】焀（焀）

《火部》：焀，上字（焀）。

按："焀"下从"灬"，当是"心"的讹写。

【11】皲（皱）

《皮部》：皲，丁盍反。皴皲。

按："皲"底本作皲。"皲"当为"皱"的形变字，构件"耳"变作了"目"形。

【12】𢇍（繇）

《糸部》：繇，奚计反。系也。继也。

按："繇"底本作𢇍。"繇"当为"繇"的形变字。《说文·系部》："系，繫也。繇，籀文系从爪、丝。"构件"爫"变异为"厶"。

【13】襄（襄）

《衣部》：襄，知彦反。百衣反。诚也。丹谷（縠）衣。

按："襄"字底本作襄，当是"襄"的形变字。《说文·衣部》："襄，丹縠衣也。"构件"工"变形作"又"。

【14】幩（幩）

《巾部》：幩，夫分反。囊入物大满而裂也。

按："幩"字底本作幩，当为"幩"的形变字。《玉篇·巾部》："幩，以囊盛谷太满坏裂也。"构件"奋"因形近变形作"舊"。

【15】騾（骡）

《马部》：騾，落戈反。似马，耳长。

按:"骡"底本作骡,当为"骡"的形变字。构件"田"形变作了"白"。

【16】䡆(䡨)

《车部》:䡆,止升反。乘也。升也。登也。胜也。治也。乘字古文。

按:"䡆"底本作䡆,当是"䡨"的形变字。《集韵·蒸韵》:"䡨,《说文》:'韜车后登也。'或从广。""䡨"字从'广'没有构形依据,因此认为从"广"是构件形近的变形。

【17】猱(猱)

《犭部》:猱,上字(玃)。猕猴。

按:"猱"字底本作猱,当为"猱"的形变字。构件"矛"变作了"多"。

【18】嵍(嵍)

《山部》:嵍,武遇反,去。丘也。

按:底本"嵍"字作嵍,当为"嵍"的形变字。《玉篇·山部》:"嵍,丘也。"构件"矛"形变作"茅"。

3. 笔画曲直

笔画曲直不同造成的异写字,主要是指通行字形的曲笔在异写字中的相应笔形变为直笔,或者相反的情形。这种情况在《新撰字镜》中很少。

【1】𥄎(𥅘)

《目部》:𥅘,居沼反,上。目重睑也。

按:"𥅘"字底本作𥄎,构件"丩"小篆作𠃑,隶变改写作了乚,变为曲笔。

【2】疕(疙)

《疒部》:疕,鱼气反,入。痴也。

疙,上字。

按:"疕"字底本作疕,构件"乁"当为构件"乞"的异写变形。《干禄字书》:"乞乞:上俗,下正。""乞"作"乞"形,《敦煌俗字典》收"乞"的俗字形作乞(津艺22),均可与之相参。

【3】誇(夸)

《言部》:夸,苦瓜反,平。又下更反。举言也。

誇,(上)字。

按：小篆"夸"作"夸"，"誇"字所从"夲"形，就是将小篆的曲笔改作直笔。

4. 笔画增省

笔画增省也是形成异写字的重要方式之一。隶变之后的文字，笔画对构意的功能降低，故而很多字多一笔少一笔，都不影响字形的表意。因此由于笔画增省而导致的异写字数量很大。

【1】颰（颰）

《风部》：备颰，同作。甫越反。疾皃。发也。

按："颰"字底本作颰，"颰"字在构件"犮"形上加一撇，成为异写形体。

【2】化（化）

《人部》：化，上字（化）。

按："化"底本作化，在构件"匕"上增加了笔画，构成"化"的异写字。

【3】嬐（嬐）

《女部》：嬐嬐，二同。鱼俭反。（嬐）然，齐也。

按："嬐"字底本作嬐，构件"佥"省略了一笔横画。

【4】市（市）

《巾部》：市，甫勿反。韠也。韍。

按："市"字底本作市，增加了一笔"丿"。

【5】騧、騧（騍、騞）

《马部》：騍，胡开、为崩二反。马一岁。

騞，之俞反。马后左足白也。

按："騍""騞"二字底本分别作騧、騧，"马"的构件"灬"被写成一横（一）。

【6】岃（屵）

《山部》：岃，余灼反。岸上见人也。

按："屵"字底本作岃，《说文·厂部》："屵，岸上见也。从厂从之省，读若跃。"《篇海》引《川篇》作"岜"："岜，岸上见人也。"《广韵·药韵》作"屵"："屵，岸上见也。"《新撰字镜》作"岃"，当是"屵"形的异写形式。

【7】舓（舓）

《舌部》：舓，食尒反。以舌耳〈取〉食也。誜古文。

舐，上字。

按："舐"底本作䑛。《说文·舌部》："䑛，以舌取食也……舓，䑛或从也。"《四声篇海·舌部》收"䑛"的异体字形作䑛。"舐"当是䑛字变形，其下构件变作"力"的形体。

【8】疼（痒）

《疒部》：痒，久季反。心勲〈动〉。烝不定。病。

按："痒"底本作疼，当为"痒"的形变字。声符构件"季"因为形近的缘故，讹变作了"李"。

【9】毧（氉）

《毛部》：毧，他卧反。落毛也。

按："毧"底本作毧。《龙龛手镜·毛部》："氉，鸟易毛也。""毧"当为"氉"的构件变异字。

【10】艇（艑）

《舟部》：艇，七到反。古文造字。至也。

按：底本"艇"作艇，《玉篇零卷·舟部》以艇为"艑"的异体，可与之相参。但是构件变异的原因不详。

5. 笔画分合

隶变过程中，隶书的笔画对篆书线条的变化形式多种多样，因此会产生笔画的分合差异。如果以通行字形的笔画为标准，异写字就产生了笔画分合的差别。但笔画的分合也并不全由隶变造成。在传抄隶书文字的过程中，也有可能会产生笔画的分合。

【1】咎（咎）

《口部》：咎，渠久反。病也。恶也。

按："咎"字底本作咎，当是构件"处"发生的笔画发生了合并简化，形成的异写字。

【2】牟（牟）

《牛部》：牟牟，同作。亡钩反。大也。夺也。

按："牟"为"牟"的异写字，其下从"丰"，当为"牛"的异写形体。小篆"牛"字作"𠂒"，在隶变过程中或将其上的曲笔径直拉直，故作"丰"形。

【3】𠕎（匨）

《月部》：月，牛厥反。太阴精也。阙也。

𠕎：上字。

𠕎，月古文。

按："𠕎"底本作𠕎，当为"匨"的形变字。《龙龛手鉴·匚部》："匨，古文月字。"《字汇补·匚部》："匨，与月同。武则天制。见《大周泰山碑》。《韵会》《说略》以为生字，未是。""匨"当是"月"的后出字。"𠕎"，《新撰字镜》底本作𠕎。《订正六书通·五屑》"月"字条下："𠕎，古文。"底本𠕎即应为𠕎形的隶定形体，但未知𠕎形出处。

【4】脘（脘）

《肉部》：脘脘，二同。口短反。胃府。

按：《新集藏经音义随函录》卷七《陀罗尼集经》卷三："㝙具，上户官反，正作完也。"佛经音义中有"完"讹作"㝙"的情况，当属形近而讹的情况。

【5】筷（簧）

《竹部》：筷，亡狄反。笴。

按："筷"字底本作筷，应即"簧"的讹字。《方言》卷九："车枸篓……其上约谓之笴，或谓之簧。"郭璞注："即軬带。""筷"字发生了构件的形变，"冖"变为"勹"，"六"变为"大"。

【6】絻（綩）

《糸部》：絻，无运反。冠也。冕也。丧服也。

按："絻"底本作絻，当是"綩"的形变字，构件"免"被拆写成三个部分。

（二）异构字

王贵元先生认为，异构字是指功能相同的同一字形因构件不同而形成的异体。[1]

我们把《新撰字镜》中的异构字分为两大类：一类是构件的替换，另一类是构件的省略或累加。

---

[1] 王贵元：《简帛文献字词研究》，中国社会科学出版社，2020年，第227页。

1. 构件替换

《新撰字镜》因异构字形变异成字的情况是很少的。究其原因，异构字构形意图不同，但都要有各自的构形理据，这一点和上文所说的构件变形是有本质差别的。但是，日本僧人在写作、传抄《新撰字镜》的过程中，都是以汉文字书和训诂材料为依据的，其所作的工作是以抄录为主，文字的变异是因为抄写变异，不大可能进行符合构形理据的字形重组。因此，本节中所列的构件替换的字形，其实也有汉文字书或文献的依据。

（1）替换义符。替换义符是指形声字、会意字替换表意构件。被替换的表意构件与替换后的表意构件在表意功能上有相同或相关的关系。

【1】䚻（傜）

《人部》：䚻，上字（傜）。

按：底本"傜"作䚻。《玉篇·人部》："傜，傜役也。"《广韵·宵韵》："傜，或作䚻。"《说文·言部》："䚻，徒歌。从言，肉。"段玉裁认为当作"从言、肉声"。"音"与"言"意义相通，特别是作为"徒歌"义，从"音"表意功能更为显豁。《新撰字镜》作"䚻"形，可以看作是替换义符。

【2】黶（黡）

《面部》：黶，于忝反，入。黑子也。

按：底本"黡"作黶。《慧琳音义》卷六十一："黡，《韵英》云：'身上黑子。'"因"黡"义与疾病有关，故声符构件"厌"所从构件"厂"又变作"疒"。

【3】癳（黶）

《疒部》：癳，咽点反。黑子也。

按："黶"字底本作癳。《广韵·琰韵》"于琰切"："黶，面有黑子。"《说文》分析"黶"为从黑，厌声。《新撰字镜》盖以为"黶"是一种病名，故将"厂"换作"疒"符。

【4】䞓（赧）

《面部》：䞓，女板反，上。赤面。惭也。

按："赧"字底本作䞓。《说文·赤部》："赧，面惭赤也。从赤，㞋声。"《新撰字镜》将其改造成了从赤从面的形声字，将声符换作表意的义符。

【5】縬（緀）

《糸部》：縬，山卓反。緘也。

按："縬"底本作縬，当为"緀"的异构字。《玉篇·糸部》："緀，緘也。""縬"当为"緀"更换义符的形声字。

【6】秌（秋）

《米部》：秌，秋同。神去反，入。

按："秋"在《新撰字镜》中作"秌"，是义符"禾"与"米"的换用。

（2）替换声符。替换声符，是指形声字的声符换用。换用前后的声符，具有音同或音近的关系。声符的换用，在一定程度上能够反映语音的变化。

【1】脒（膠）

《肉部》：脒膌，具交反，平。固也。

按："膌"即"膠"的形变字。"胶"从"翏"得声。"翏"在《广韵》中作"力救切"，来母宥韵字。"来"在《广韵》中作"洛哀切"，来母咍韵字。语音相近。

【2】霓（霰）

《雨部》：霓，思见反。绰也。大雪。

霰霓，二同上字。

按：《说文·雨部》："霓，霰或从见。""霓"当为"霰"换声符的形声字。

【3】熞（烓）

《火部》：熞烓，口回反。行竈。

按：《说文·火部》："烓，行竈也。从火，圭声。""圭"在《广韵》中为见母齐部字，"奚"为匣母齐部字。"熞"当为"烓"的更换声符的异构字。

【4】瞒（睏）

《目部》：瞒，六安反。平目也。目痛也。大目也。

按："瞒"当为"睏"的更换声符的异构字。《改并四声篇海·目部》引《川篇》："睏，大目也。"当为从目困声字。困，《广韵·真韵》作"去伦切"，"菌"亦从"困"得声。

【5】讆（譍）

《言部》：讆，于证反。以言对也。

按："譍"底本作䜺。《广韵·证韵》"于证切"："䜺，以言对也。""䜺"为从"言""雁"声。更换声符，作从"应"得声。

【6】媻（婹）

《女部》：媻，薄半反。侽也。无宜适也。

按："媻"《广韵·翰韵》："婹，婹婹，无宜适也。""媻"当为"婹"的换声符异构字，声符"叛"换作"判"。

【7】縭縹（幪）

《糸部》：縭縹，幪同。亡贡反。縠也。女子以覆首，一曰巾幪，又巾同。

按：《集韵·东韵》："縭，丝乱绪儿。"古代字书的意义与《新撰字镜》所记意义无关。《新撰字镜》当以"縭""縹"为"幪"的异构字。《说文·巾部》："幪，盖衣也。"《集韵·东韵》："幪，或作幪。""縭"当为"幪"更换义符的形声字，"縹"又为"縭"更换声符的形声字。

【8】篠（筱）

《竹部》：篠，先鸟反。小竹。

按：《龙龛手镜·竹部》以"筱"同"篠"。《广韵·篠韵》"先鸟切"："篠，细竹也。"《慧琳音义》卷九十八"篠荡"注引孔注《尚书》："篠，小竹。"可知底本"樑"当为《龙龛手镜》"筱"讹。"彼"，《广韵·纸韵》作"甫委反"。"牻"，《改并四声篇海·牛部》引《搜真玉镜》："牻，他高切。""牻"属透母豪韵字，"篠"属心母篠韵字，而"彼"属帮母纸韵字。显然，"牻"作声符与"篠"音切合。《龙龛手镜》"筱"可能本来就是"樑"字之讹。

【9】瀏（浏）

《竹部》：瀏，力九反。竹声。

按：《说文·竹部》："䉓，竹声也。"徐锴系传："犹言浏然，声清也。"《说文·水部》："浏，流清儿。"《新撰字镜》作"瀏"，更换声符的同时，使声符具有表意的功能。

【10】鴗（鶋）

《鸟部》：鶋鴗，匹反反。鹰色。

按：《玉篇·鸟部》："鶋，匹免切。鹰鶋二年色。""鴗"字当为"鶋"的更换声符的异体字。

2. 构件减省

构件减省是汉字发展过程中一种常见的现象。构件较多的汉字，在发展过程中常常会省略一部分构件，变为形体较为简单的异体字。《新撰字镜》收录的字形中，也常有这种情况，成为《新撰字镜》中较为独特的一类异构字。

【1】伙（伇）

《人部》：伇伙，二同。牛林反。衆林也。

按："伇伙"二形底本作伇伙。《说文·伇部》："伇，衆立也。""伇伙"二形当为"伇"的形变字。《玉篇·釆部》"釆"字形作釆，当即"伇"的形体来源。"伙"形为省减构件"人"得到的。"衆林也"中"林"当为衍文。

【2】顲頙（顲）

《页部》：顲，鱼怨反。愿也。

頙，上字。欲也。每也。思也。

按："顲"底本作顲，"頙"底本作頙，"顲"即"顲"的形变字形。《广雅·释诂一》："顲，欲也。"王念孙疏证："顲与愿同。"《碑别字新编》引齐比丘慧承造象"顲"作"頙"，与《新撰字镜》所收"頙"形相同，是构件的进一步减省。

【3】㸌（爡）

《灬部》：爡，七豓反，去。灼也。

㸌，上字。

按："㸌"底本作㸌，不见于字书。《字汇补·火部》："爡，与爤同。见《韵实》。"《正字通·火部》："爤，古文爤。""㸌"当是"爤"其下所从"炎"变形作"灬"。

【4】烜（爟）

《火部》：烜，昕远反。人〈火〉也。威仪容口〈止〉宣着皃也。光宣也。

爟，上字。

按：《说文·火部》："爟，取火于日官名。举火曰爟。……烜，或从亘。""烜"底本作烜，当是构件"吅"变形作"一"。

【5】跘（蹋）

《足部》：跘，尼诗反。久豆波久。

按："跘"底本作跘，当是"蹋"省略两个构件"耳"而成的字形。古代字书未见这种写法。《宋元以来俗字谱·足部》引《岭南逸事》始见作"跘"的写法，当与《新撰字镜》作"跘"形，是相同的变化方式。

【6】痹（瘖）

《疒部》：痹，五还反。痹。

按："痹"字底本作痹。《玉篇·疒部》："瘖，痹也。""痹"当是"瘖"省略了构件"口"的异构字。

【7】嫛（嬰）

《女部》：嫛，知必反。短面儿。

按：底本"嫛"作嫛。《玉篇·女部》："嬰，短面儿。""嫛"应为"嬰"的形变字，省略了两个构件"又"。

【8】繾（繾）

《糸部》：繾，丘卷反。幘也。卷也。儿幘。

按：底本"繾"作繾，当为"繾"的形变字，构件"吅"被省简作"八"形。

【9】袁（袁）

《衣部》：袁，尤元反。长儿。姓。

按："袁"字底本作袁，当是"袁"的形变字，构件"口"简作一短横（一），与其下构件合为"衣"形，故而误入了衣部。

【10】㰤（㰤）

《米部》：㰤，子妙反。尽酒也。

按："㰤"字底本作㰤，当为"㰤"的形变字。《玉篇·欠部》："㰤，尽酒也。"构件"焦"省略了"灬"，作"隹"形。

【11】幂（羃）

《冂部》：幂，亡狄反，入。覆食巾也。今云食单是也。

按："幂"字底本作幂，当为"羃"的形变字，省略了构件"艹"。

【12】㸒（犝）

《牛部》：犝犝，同。戶乖切。平。似牛，四角。

按："㸒"字底本作㸒，当是"犝"省略了构件"氵"形成的字形。

【13】騏（騣）

《马部》：騣騣，扶园反。騣駐，止也。马蹄也。马鹿也。

按："騏"字底本作騏，当为"騣"的形变字，省略了构件"爻"。

【14】耰（稷）

《耒部》：稷，楚棘反。畟字。

按：底本"稷"字作耰，当为"稷"的形变字，构件"夂"省略了"八"，变作"夂"。

【15】笶（筹）

《竹部》：筹，利老反。毒竹。一枝百叶。有毒，刺兽即死也。

按：底本"筹"字作笶，当为"筹"字构件省略变形。《广韵·豪韵》："筹，竹名，一枝百叶，有毒。"

【16】誼（謂）

《言部》：謂，秘〈私〉吕反。智也。知也。长也。

誼，上字。

按："誼"字底本作誼，当为"謂"字省去了构件"月"。《龙龛手镜·言部》："謂，或作；謂，正。"

3. 构件累加

构件累加，是指形声字、会意字在原有字形的基础上，增加一个或几个表意、表音的构件。《新撰字镜》中累加构件的情况，多是由于原有构件表意功能弱化，需要累加一个表意构件来增强表意的功能。

【1】霒（霠）

《雨部》：霒霒，二，陰字。

按：《集韵·侵韵》："霠，或作霒。"《说文·云部》："霠，云覆日也。从云，今声。"《玉篇·云部》："霠，今作陰。""霒"字不见于字书，当为"霠"的累加声符字。

【2】䛅（罟）

《口部》：䛅，居杜反。

罔，上字。古文罟也。

按：《广韵·姥韵》"公户切"："罟，网罟。"《字汇补·网部》："罔，古文罟字。见《石鼓文》。"《龙龛手镜》"罟"或作䛅形。"䛅"当是累增了构件"古"。

【3】嬿（娈）

《女部》：嬿，上。美好皃。娈字。

按：《广雅·释诂一》："娈，好也。"《诗经·邶风·泉水》："娈彼诸姬。"毛传："娈，好貌。"《广韵·獮韵》："娈，美好。""嬿"即"娈"增加了义符"女"的异构字。

【4】䮫（駓）

《马部》：䮫，敷悲反。桃花马。

按："䮫"字底本作䮫，当为"駓"的形变字。《字汇·马部》收"駓"的异体字作䮫。"䮫"当为增加构件的形体。

（三）字形变异机制

汉字传入日本，在日本学者、僧人中间广为使用、传抄，就不可避免地会发生字形变异的情况，这与汉字在本土由于使用、传抄而产生的俗字的情况，其机理是十分类似的。但《新撰字镜》中所保留的变异字形，其变异的具体方式又与俗字的变异方式有着明显的不同。

1. 隶定方式不同

王贵元先生认为，汉字由篆书到隶书的发展过程中，同一原件会由多种方式进行改造，并将这一现象称之为"多途探索"。正是因为这一因素的影响，早期隶楷阶段汉字的笔画书写不固定，其中有的笔画会造成形体混同。随着笔划发展的不断成熟，系统会对同一汉字的不同笔画写法做出选择，淘汰那些引起形体混同的笔划写法，确认那些区别程度高的笔画写法，并进一步规范这些笔画的书写形式。[1]

在汉字发展的历史进程中，大量处于"多途探索"阶段的汉字形体，都被后代规

---

[1] 参看王贵元：《汉字发展史的几个核心问题》，《中国语文》，2013年第1期，第7页。

范的字形所取代。其中只有一部分被保存在历代字书和各种传世写本中。《新撰字镜》中则保存了一部分由于隶定方式不同而形成的异写字。这些字形有助于丰富我们对隶变的认识。

【1】兘兤兕兞（天）

《天部》：兘兤兕兞，四字，皆天古文。

按：《集韵·先韵》："天，唐武后作兘。"兕兞两字形见于《汗简》。战国行气玉铭"⿱宀天"字，于省吾释作"天"。

【2】昳（映）

《日部》：映，于敬反，去。

昳，上古文。

按："央"字小篆作央，无极山碑作夹，《新撰字镜》隶定作央，是对小篆形体更为直接、严格的隶定方式。这种形体尚未见于字书。

【3】冑䩜（冑）

《日部》：冑䩜，治右（反）。去。从也。绪也。胤也。连也。续也。

按：正字当作"冑"。《说文》作"从肉，由声"。上博简作（上博一：缁11）[1]。"冑"当为此形体的隶定。《说文》引《司马法》作，包山木椟作（包山椟1）。并从革，由声。"䩜"形左边的构件，当为"革"的隶定变异。

【4】靁、䨑（震）

《雨部》：靁䨑，二，上古文（震）。

按：底本二字字形作靁䨑。《玉篇·雨部》"震"的籀文作"靁"。《字汇补·雨部》："䨑，古文震字。见《六书统》。"《新撰字镜》作靁䨑二形，与靁、䨑二形的形体来源相同，当是对古文字形隶定方式的不同。

【5】䨑（电）

《雨部》：䨑，上古文（电）。

按：天治底本"䨑"字形作䨑。《说文》"电"字古文作䨑，《玉篇·雨部》"电"字古文作䨑，当是《说文》古文"电"的隶定形体。天治本作"䨑"，应是䨑形的进一步

---

[1] 出土古文字字形，引自黄德宽主编《古汉字字形表系列》，上海古籍出版社，2017年。括号内的字形来源，直接引自《古汉字字形表系列》书中所标注的来源，可对照原书凡例参考。下同。

隶变。

【6】鼟、歃（羆）

《灬部》：鼟歃，二，上古文（羆）。

按：底本"鼟""歃"作鼟、歃。《说文·熊部》"羆"字古文作䰣。《名义》"羆"字古文作䰣骰，"羆""皮"古音同属帮系歌部。"羆"古文作"䰣"属声符替换。"鼟"形其下所从"度"当为"皮"之讹。"鼟歃"二形皆为䰣形的隶讹，可能是从䰣骰二形进一步讹变而来的。

【7】舍（尒）

《人部》：舍，上字（尒）。

按：底本"尒"字作舍。《说文》"尔"字篆文作尒。舍当是《说文》篆文的隶讹形体。《古文四声韵·纸韵》"尔"字崔希裕纂古作舍，与舍形来源一致，舍形讹变更为严重。

【8】俓（備）

《人部》：备俻俻，三同。皮祕反。类也。防也。……俻俗作。

俓，一本作婡，上字。

按：底本"俓"作俓。《说文》"备"字古文作俻。《玉篇》收"俻"为"备"的古文，即是对俻的隶定。《新撰字镜》"俓"形应是"俻"形的进一步变形。

【9】頻（频）

《页部》：频，裨賓反。急也。比也。近也。行也。复也。更重也。

頻，上字。

按："頻"底本作頻。《说文》小篆"频"作"𩕏"，《说文·页部》："水崖，人所賓附也。从页从涉。"小篆"频"从页从涉，但在隶定的过程中，构件"涉"减省作"步"，但异体字形中，仍然可以看到作"涉"的字形。《集韵·真韵》"频"的异体字作"顊"，即是从"涉"的形体。《新撰字镜》作頻形，当是对小篆字形的一种较为忠实的隶定形式。

【10】圓、阎（目）

《目部》：圓，古文目字也。

阎，上古文。

按："目"字下有两个异体字形，分别作▢、▢，这两个字形均不见于汉文古字书。《龙龛手镜》《字汇补》以"囬"为"回"的异体字形。但从历时的角度来看，这两个字形都是有来源的。《说文》古文"目"字作▢，《篆隶万象名义·目部》作▢，《玉篇·目部》作囧，都应源于《说文》古文的隶定或隶定变体，说明隶定"目"字外加"口"形是常见形体。玺印文字作▢（玺汇0378），是"目"形的横置形体，这种形体在进一步发展过程中很容易变化为"山"形。《古文四声韵·屋韵》作▢，就是横置"目"形的隶定变化，《新撰字镜》▢的形体，也是与之相通的。

【11】奮（睦）

《目部》：奮，睦字古文。

按："睦"字《说文》古文作▢，"瞋"即隶定《说文》古文形体发生变化之形。《说文·贝部》："卖，从贝，㐬声，㐬，古文睦。""㐬""奮"二形皆隶定《说文》古文的形体。

【12】眸（眹）

《目部》：眸，上字。（眹）

按：《玉篇·目部》："眸"，古文"眹"。《汗简·目部》作▢，《新撰字镜》作眸，当是此形体的隶定方式之一。

【13】恖（悉）

《心部》：悉悉，正作。同作。恖，上字古文。

按：《说文》"悉"字古文作▢，《汗简·心部》引作▢，"恖"当是《汗简》所引形体的隶定。

【14】瞻（瞻）

《目部》：瞻，时焰反。足也。亲也。助也。视也。都也。

按："瞻"即"瞻"的形变字，底本作瞻。"詹"字小篆作"▢"。《新撰字镜》构件"詹"作"詹"，当是小篆形体的隶定变形。碑刻文献中亦有相类似的写法。《碑别字新编·詹字》引《唐嗣曹王李戢墓志》作詹，与《新撰字镜》"詹"字形体接近。与之类似的情况，《新撰字镜·食部》"饘"字作▢。

【15】誇（夸）

《言部》：夸，苦瓜反，平。又下更反。举言也。

誇，上字。

按："誇"字底本作誇。"夸"小篆作"𡗢"。构件"干"当是对小篆亏形的一种隶定方式。《隶辨·麻韵》收"夸"字异体作"夸"，可与之相参。

【16】疒（疒）

《疒部》：爿丁，上字（疒）。

按：《汗简·疒部》收古籀文作疒。《玉篇·疒部》："疒，疒的籀文。"《新撰字镜》作"爿丁"形，当是籀文的隶定形体。

【17】嫱（嫱）

《女部》：嫱，在梁反。嫔也。妇官。

按："嫱"底本作嫱。《玉篇·女部》："嫱，嫔嫱，妇官名。""嫱"当为"嫱"的形变字。小篆"嫱"字作嫱，构件来在隶变的过程中，如将曲笔变直，可作啬形。如将左侧一小斜笔改为撇画丿，则可作啬形。《龙龛手镜·女部》收"嫱"的俗字作嫱、嫱二形，可分别与之相参。

【18】素（素）

《糸部》：素，素字。几足反。

按："素"字底本作素。师克盨作素（素），信阳简作素（信2·012）。《古文四声韵》《龙龛手镜》中"素"字隶定古文形体作"桒"，徐在国认为即金文和信阳简一系的隶定古文形体。[1]《新撰字镜》作"素"形，应是对素、素形体更为忠实的隶定形式。汉字字书不载。

【19】誩（競）

《言部》：誩，竞字古文。《玉篇残卷》"竞"即作"誩"。《汗简》"竞"字作誩（1.12），"誩"当为其隶定形体。

【20】褱（襄）

《糸部》：褱，上字（襄）。

按："褱"字底本作褱。《说文》"襄"字古文作褱，《玉篇》"襄"字古文作"㐮"，《字汇补》"襄"字古文作"褱"，皆是《说文》古文形体的隶变。《新撰字镜》

[1] 徐在国：《隶定古文疏证》，安徽大学出版社，2002年，第271页。

作"襃"形，也是《说文》古文形体的一种隶变形式。

【21】䬻、䭔（饱）

《食部》：䬻䭔，二，上古文（饱）。

按："䬻""䭔"二字底本分别作䬻、䭔。《说文·食部》："饱，猒也。从食包声。䭫，古文饱从采。䭔，亦古文饱，从卯声。"《说文》古文"饱"字作䭫、䭔二形，《新撰字镜》作"䬻""䭔"形当是其隶变的形体。

【22】𦂅（絮）

《糸部》：𦂅，防结反。编绳。

按："𦂅"底本作𦂅，当是"絮"的形变字。《集韵·屑韵》："絮，编绳。"小篆"絮"作"𦃃"，构件"折"《说文》籀文作"𣂪"，或隶定作"斯"。《新撰字镜》"絮"作"𦂅"形，当是对"折"的一种隶定变形。

【23】𩡅、𩡋（马）

《马部》：𩡅𩡋，二，古字作（马）。未详。

按："𩡅""𩡋"二形底本分别作𩡅、𩡋。《说文》"马"字古文作𢒉，籀文作𢒉。《玉篇》"马"字古文作𢒉，籀文作𢒉，即是对《说文》古文、籀文的隶定形体。《新撰字镜》作"𩡅""𩡋"二形，亦是隶定形体的进一步变形。

【24】𢑒（豕）

《豕部》：𢑒，上古文（豕）。

按："𢑒"字底本作𢑒。《说文》古文"豕"字作𢑒。"𢑒"当是《说文》古文形体的隶定变形。《名义》"豕"字古文作𢑒，可与之相参。

【25】𢑒（彑）

《豕部》：𢑒，居厉反。豕彙之头也。

按："𢑒"字底本作𢑒。《说文·彑部》："彑，豕之头。象其锐，而上见也。""𢑒"当为"彑"的形变字。小篆"彑"作"𢑒"，《新撰字镜》作"𢑒"，当是对小篆形体的一种隶定方式。

【26】𡶒（共）

《山部》：𡶒，共字古文。

按："𡶒"字底本作𡶒。《说文》"共"字古文作𢀝。《玉篇》收"共"字古文作艹，当是《说文》古文的隶定形式。《新撰字镜》作 𦬘，亦是《说文》古文的隶定变形。

【27】毚（若）

《山部》：毚，若字。

按："毚"字底本作毚，《古文四声韵》"若"字引崔希裕《纂古》作𪚮，𪚮形可与之相参。楚简文字作𦰩（包山楚简：2.167），毚、𪚮等形应是与战国文字的形体一脉相承的。

2. 构件的习见化改造

构件的习见化改造，指的是《新撰字镜》在传抄字形的过程中，将不常见的构件改为常见的构件。在面对不常见的构件时，因为不能从构形功能上理解这些构件，因此常常将其与常见的构件联系起来，写成常见的构件，便于认知和书写。

【1】脾（腜）

《肉部》：脾，臾俱反。腹下肥也。

按："脾"底本作脾，当为"腜"字之讹。《说文·肉部》："腜，腹下肥也。"构件"臾"形变作"申"。

【2】䐶（膭）

《肉部》：膭，公回反。

䐶，上同。

按：享和、群书本"䐶"字作"䐶"。《龙龛手镜·贝部》"贵"字作"贵"，即为享和、群书本"䐶"声符"贵"所从之形。天治本声符"贾"当为"贵"的习见化改造。

【3】頴（頯）

《页部》：頴，公老反。頯同作。广也。博也。

按："頴"底本作頴，即"頯"的形变，构件"夲"改造成了较为常见的构件"丰"。《隶辨》引《孔彪碑》"皋"字作皋，可与之相参。

【4】覠（覞）

《见部》：覠覞，二同。古劳反。见也。

按："覠"字底本作覠，当为"覞"的形变字。不常见的构件"皋"变为常见构件"皇"，可与"頴"字相参。

【5】毡（氊）

《面部》：毡，之然反，平。

按：底本"毡"字作毡，"毡"当为"氊"字的形变。《广韵·仙韵》"诸延切"："毡，席也。"《龙龛手镜·毛部》"毡"字或作毡、氊二形。构件"亶"变形作"面"，当是构件的习见化改造。

【6】䀏（眄）

《目部》：䀏，莫见反，去。斜视。

按：底本"䀏"字作䀏。《字汇补·目部》："䀏，斜视。""䀏"当为"眄"的俗字。构件"丏"改写作"山"，"山"是习见构件。

【7】䛇（譺）

《言部》：䛇，鱼记反。调也。欺。谓相嘲调也。

按：底本"䛇"作䛇，当是"譺"的形变字。构件"匕""矢"变作了较为常见的构件"上""天"。《重订直音篇·杂字部》收"疑"字的异体字形作䎻。《新撰字镜》所收䛇形与此可参。

【8】屄（屎）

《尸部》：屄，此咨反。此也。屎屨也。覗字。盗视也。

按："屄"底本作屄。《玉篇·尸部》："屄，屄屨，盗视。"《广韵·脂韵》"取私切"："屄，此也。""屄"即"屎"的形变字。

【9】屒（㞑）

《尸部》：屒，丁洽反。展也。侙也。重也。

按："屒"底本作屒。《说文·尸部》："㞑，侙也。"《玉篇·尸部》："㞑，丁挺、大练切。重也。展也。""屒"应为"㞑"的形变字，"奠"形的下半部分改写成了常见构件"贝"。

【10】袰（裿）

《衣部》：袰，苦冈反。襌也。苘也。枲。

按："袰"字底本作袰，当为"裿"的形变字。《说文·衣部》："裿，苘也。"段玉裁注："苘者，枲属；绩枲为衣，是为裿衣。"构件"耿"变形为常见的构件"取"。

【11】粺（糵）

《米部》：粺，下熬反。深也。

按："粺"字底本作䆃，当为"糵"的形变字，构件"本"变为了常见的构件"平"。

【12】𥻨（弊）

《米部》：𥻨，武婢反。伤也。残也。

按："𥻨"字底本作𥻨，当为"弊"的形变字，构件"㡀"变为了常见的构件"米"。

【13】帻、𤎫（幬、㷿）

《巾部》：帻，止夹反。礼巾。

按：底本"帻"字作帻，当为"幬"的形变字，构件"㚔"形变作常见的构件"幸"。

《火部》：𤎫，辞廉反。㷿字。热汤中瀹肉。

按：底本"㷿"作𤎫，当为"㷿"的形讹字。"㚔"因不常见，被改写作"幸"，可与之相参。

【14】屾（亩）

《山部》：屾，专也。

按："屾"字底本作屾，当为"亩"的形变字，构件"宙"形变成"山"，当是出于构件习见的原因。

【15】䮾（骝）

《马部》：䮾，力求反。周穆王马。

按："䮾"字底本作䮾，当为"骝"的形变字，构件"卯"变为较为常见的构件"化"。

【16】駉（駧）

《马部》：駉，古荣反。良马，腹干肥张也。牧马苑也。

按："駉"字底本作駉。《诗·鲁颂·駉》："駧駧牡马。"毛传："駧駧，良马，腹干肥张也。""駉"当为"駧"的形变字，不常见的构件"冋"被写成了常见的构件"向"。

【17】柄（秪）

《禾部》：秪，他玷反，上。乡名。

按："秪"底本作柄，当为"秪"字之形变。《广韵·忝韵》"他玷切"："秪，乡名。在济北蛇丘县。"构件"丙"因不习见，被改写作"丙"。

【18】箽（箎）

《竹部》：箎，居疑反。虮虱比。

按：《说文·竹部》："箎，取虮比也。"《龙龛手镜·竹部》："箽"，"箎"的俗字。底本"箎"作箽，即为"箎"的形变字。构件"凵"虽然形体简单，但不是常见构件，因此被改造成了"辶"。

【19】箇（箕）

《竹部》：箇，亦上古文。（箕）

按："箇"底本作箇。《玉篇·箕部》："箇"，"箕"的古文。"箇"当为"箇"的形变字。盖因构件"丙"不常见，因此改写成了"口""又"的组合"叉"。

【20】獆（獆）

《犭部》：獆，胡高反。犳也。犬呼也。鸣也。咆也。

按："獆"底本作"獆"，当为"獆"的形变字。"獆"字构件"羋"不常见，故而改造为与其形体相近的常见构件"幸"。

3. 书写的便捷化倾向

书写的便捷化倾向，是将有些结构复杂、构件形体繁难的字做简单化处理，用形体、结构简单的线条、构件代替繁难的构件。这种处理方式目的是为了便于书写。这种字形变化的方式在汉文碑刻文献、敦煌俗字中亦常见到。《新撰字镜》中的这些形体，有些有汉文字书的形体依据，有些可能源于日本僧侣传抄时改变了字形。

【1】顤（顤）

《页部》：顤，正作。五予反，上。顤也。高长头也。

顤，上字。

按：底本"顤"作顤。《龙龛手镜·页部》"顤"字作顤形，与之形体一致。构件"尧"作"尧"形，是将三个"土"形作了简省处理，便于书写。

【2】⿰面⿱亠目 （⿰面亶）

《面部》：⿰面录⿰面⿱亠目，二形，⿰面亶字。

按：“⿰面⿱亠目”底本作⿰面⿱亠目。《类篇·面部》：“⿰面亶，或作⿰面亶。”“⿰面⿱亠目”其右所从构件“⿱亠目”，当为“亶”的形变，目的是为了便于书写。

【3】啄（喙）

《口部》啄：诩秽、许秽二反，去。口也。倦也。

按：“啄”底本作啄，当为“喙”的形变字，为了书写便捷，构件“彖”改造成了“豕”形。

【4】砉（砉）

《口部》：砉，在马部。

按：“砉”字底本作砉，当为“砉”的形变字。《玄应音义》卷四“騞然”注：“騞，义亦与砉字同。”底本所言“在马部”，当指“騞”字而言。“砉”字将“砉”构件“丰”“石”各自的横笔减省作一笔，导致字形变异。

【5】蹴（蹴）

《足部》：蹴，取育反，入。蹋也。

按：“蹴”底本作蹴，当为“蹴”的形变字。为了书写的便捷，“蹴”的构件“小”改作一提（㇀）。

【6】瘗（瘞）

《疒部》：瘗，于罽反，去。埋也

按：“瘗”底本作瘗。《广韵·祭韵》“于罽切”：“瘞，埋也。”“瘗”当为“瘞”的形变字，构件“夹”为便于书写变成了“关”。

【7】⿰言亏（⿰言兮）

《言部》：⿰言兮，于礼反。误也。诚言。瘖也。

⿰言亏，上字。

按：“⿰言亏”底本作⿰言亏，当是“⿰言兮”的一种较为便捷的写法。《隶辨·齐韵》收“兮”的异体字作亏，可与之参。

【8】⿰骨肖（⿰骨肖）

《骨部》：⿰骨肖，以小反。腹傍空处也。

按："䄑"底本作䄑形，当是"䄑"的形变字。出于书写便捷的需要，构件"幺"变作了"厶"形。

【9】紭（緬）

《糸部》：紭，上同（緬）。

按："紭"字底本作紭。《玉篇·糸部》："緬，微丝也。綿，同上。""綿"写作"紭"，当为便捷化的书写。

【10】繩（绳）

《糸部》：繩，食陵反。索也。法也。直也。弌也。度也。

按："繩"底本作繩，当为"绳"的形变字。为了便于书写，构件"黽"拆成了若干部分，作"黽"形。

【11】酐（酐）

《酉部》：酐酐，二同。匹万反。疾熟也。一宿酒也。

按："酐"底本作酐，其右构件作"干"，当是"弁"书写草率形成构件变体。

【12】緣（缘）

《糸部》：緣，正余泉反，平。犹自袭也。纯也。

按：享和本作"犹因袭也"，底本"緣"作緣，是"缘"的形变字。将构件"㠯"改写作"立"，是为了便于书写。

【13】纐（纐）

《糸部》：纐，止计反。小也。素也。术也。法也。细也。微也。

按："纐"当为"纐"的形变字。出于书写便捷的需要，构件"囟"改写作"冈"。

【14】襞（襞）

《衣部》：襞，都木反。衣至地。补也。

按："襞"字底本作襞，当为"襞"的形变字。构件"盟"形体复杂，笔画回环往复，不便于书写。"盟"形将回环的构件形体拆开，分作相对便于书写的若干构件形体。

【15】裱（裱）

《衣部》：裱，力狄反。急缠。

按："裱"底本作裱，当为"裱"的形变字。构件"出"变作"土"，书写更加简便。

【16】𧝓（襱）

《衣部》：襱，力董反，上。袴踦也。

按："襱"底本作𧝓，当为"襱"的形变字。构件"龴"书写时笔画回环往复，不便于书写，将其改写为"龙"，书写较为便捷。

【17】鞼（鞲）

《革部》：鞲，上字（鞼）。

按："鞲"字底本作鞼，当为"鞲"的形变字。《说文·革部》："鞲，车衡三束也。曲辕鞲缚，直辕鞏缚。从革爨声。鞼，鞲或从革赞。""爨"字构件"冊"出于书写便捷的需要，被改写作"𠕋"。另外，其下的构件省略了"火"，写作"𤇾"。

【18】䮸（騿）

《马部》：騿，徒结反，入。马色。

按："騿"字底本作䮸，当为"騿"的形变字。其右的构件"戠"发生了模糊化的变化，构件形体交代不清，其目的是为了便于书写。

【19】𩋙（鞡）

《革部》：鞡，古核反。辔首。靶也。勒也。

按："鞡"字底本作𩋙，当为"鞡"的形变字。出于书写简便的需要，构件"束"写成了"耒"形。

【20】鞫（鞗）

《革部》：鞗，思久反。辔也。

按：底本"鞗"作鞫，当为"鞗"的形变字。构件"勹"写作"彐"，当是出于书写便捷的需要。

【21】斛（斛）

《斗部》：斛，喻甫反。量也。逾字，亦庾字也。

按："斛"字底本作斛，当为"斛"的形变字。构件"臾"变作"更"，将不相连的笔画连通，使得书写便捷。

【22】穑（穡）

《禾部》：穑穡，二同。所力反。俭也。种曰稼，收曰穡。

按："穑"字底本作🈐，当为"穑"字的形变。构件"爫"变作"圭"，以便于书写。《曹全碑》"啬"字即作啬，可与之相参。

【23】黏（黏）

《禾部》：黏，女廉反，平。黏翔。

按："黏"底本作黏，为"黏"的形变字形。构件"氺"变为"小"，便于书写，同时也是更为常见的构件。这种形变在汉文字书中亦常见，如《隶辨》收"黍"的异体字形作黍，即可与之相参。

【24】穬（穬）

《禾部》：穬，呼光反，平。菓蓏不熟也。

按："穬"底本作穬，为"穬"的形变字。构件"儿"变作"灬"，简化了形体，便于书写。《敦煌俗字典》收"荒"的俗字作荒（S298），可与之相参。

【25】箫、箫、箫（肃）

《竹部》：箫箫箫，三形同。素尧反，平。籁也。

按：底本三字形分别作箫、箫、箫，均为对构件"肃"形体的便捷化改造。"箫"作"箫"形，见于《宋元以来俗字谱·竹部》引《岭南逸事》。《字汇补·米部》："肃，俗肃字。"《宋元以来俗字谱》："肃"，《列女传》《三国志平话》等作"肃"。其形体变化与古代典籍用字相合。

【26】鹙（鹙）

《鸟部》：鹙，莫侯反。鹙也。鹙即鹙。

按："鹙"字底本作鹙，当为"鹙"字的形变。《尔雅·释鸟》："鹙，鹙母。"郭璞注："鹘也。青州呼鹙母。""鸽"当为"鹘"讹。构件"牟"变形作"丰"，当是出于书写便捷的需要。

【27】犹（狘）

《犭部》：狘，许月反。兽走。

按："狘"底本作犹。《玉篇·犬部》："狘，兽走皃。"《广韵·月韵》"许月切"："狘，走皃。""犹"当为"狘"的讹字。"狘"写作"犹"，是为了适应书写便捷的需要。

4. 字形变异的类推化倾向

《新撰字镜》字形变异，有着较为明显的类推化倾向。构件的习见化改造、便捷化改造和构件变异，均不限于个别的字形，而是可以扩展到一批包含该构件的字。这种现象说明《新撰字镜》在抄写汉字的过程中，对很多字形的变化改造是有意识的，并非简单的笔误。一批构件发生了相同的变化，构件形体就重新达到了一种平衡状态。这也就成为日本汉字形体改造的一种稳定的趋势。

【1】睘：眾、𣶒

"睘"在《新撰字镜》中往往写作眾、𣶒二形。"睘"《说文》小篆作"𧠙"，故其隶定有不同的方式。《五经文字》作睘、𡇢，《龙龛手镜》作睘、眾，《玉篇》作裴，皆是其隶定形体。《新撰字镜》作"眾"形，与《龙龛手镜》作眾形有继承关系，当是眾形的进一步省简。而作𣶒形，则明显是构件的习见化改造，用"水"形代替"睘"字"罒"下的构件。

①人部：保倮（儇）；②目部：眼䁽（矊）；③糸部：綠（缳）；④车部：䡎（轘）。

【2】畀：臾

按："鼻"底本作𦣻，构件"丌"变作"大"。小篆"鼻"作"𪒠"，其下亦可隶定作"大"。明万历本《金瓶梅词话》第二十八回"见小厮鼻口流血"，刻本"鼻"字正作"臾"。《新撰字镜》从鼻诸字有很多作"臾"：

①鼻部：臾（鼻）、𮎅（𩖆）、𡪾（嬶）、𩕞（𩕌）、駒（駒）、魟（魟）、𩶘（鱲）；②竹部：筼（算）。

【3】毚：兔

《新撰字镜》中构件"毚"常作"兔"形，将"毚""兔"这两个形近而有差别的构件写成完全一样的两个构件，比较明显地体现出习见化倾向的类推作用。

①鼻部：𮎅（䶒）；②口部：兔（嚵）；③言部：譀（谗）；④食部：饢（馋）；⑤革部：䩞（鞬）。

【4】齐：𠷎

①足部：踌（跻）；②目部：瞔；③禾部：穯（穧）；④口部：唶（唶）。

【5】冋：푸

构件"冋"下部的折笔往往被改造两横（二），以减少折笔的数量，便于书写。

①页部：頓（頓）；②月部：朔（朔）。

【6】坙：圣

"圣"的写法来源于古隶的草率写法。北魏碑刻文献中多有作"圣"形。但字书不收。

①页部：颈（颈）；②目部：䁝（䁝）；③疒部：痊（痊）；④女部：娙（娙）；⑤鸟部：鹨（鹨）；⑥牛部：牲（牷）。

【7】朁：朁

构件"朁"在《新撰字镜》中往往被写成"朁"形，构件"旡"写成"无"，是构件的习见化倾向。

①足部：蹐（蹐）；②天部：③目部：暂（暂）；④口部：朁（嚼）；⑤言部：譖（譖）；⑥食部：饓（饓）。

【8】翏：翏

小篆"翏"作肍，《新撰字镜》作"翏"，当是不同隶定方式的结果。《龙龛手镜》"翏"字作翏，可与之相参。

①目部：瞭（瞭）；②禾部：穆（穆）；③女部：嫪（嫪）；④车部：轇（轇）。

【9】几：朵

"几"形往往变形作"朵"，盖是因为"几"形书写不便，因此笔画发生变异，改作了"木"形。

①禾部：機（機）；②木部：機（机）；③玉部：璣（玑）；④人部：僟、㒨（僟㒨）；⑤膌（膌）。

【10】襄：衺

"襄"往往省略构件"吅"，作"衺"形。

①日部：曩（曩）；②竹部：篡（篡）；③土部：壤（壤）。

【11】黾：黽

"黾"作"黽"形，在汉文字书中已经出现。《隶辨·十六轸》"黾"作"黽"。

《新撰字镜》因其书写便捷，往往采用这种写法。

①肉部：腝（腝）；②目部：䁪（䁪）；③言部：譚（譚）。

【12】耒：禾

包含构件"耒"的字，由于构件习见化的变化趋势，很多改造成了较为常见的构件"禾"。

①足部：躤（躤）；②竹部：籍（籍）。

【13】羋：羁

"羋"的构件"牛"因受另一构件"口"的类推，亦写作"口"，因而整个构件变形作"羁"。

①言部：譌（譌）；②女部：嬀（嬀）。

【14】娄：妟

构件"娄"往往被写作"妟"形。两个构件"口"减省作一个，与其下构件"女"合写作构件"安"，体现了书写便捷的要求。

①糸部：缕（缕）；②页部：颡（颡）。

【15】啬：肃

《新撰字镜》中"啬"往往作"肃"。将"巫"写作"丯"，是出于书写便捷的需要。

①口部：喬（啬）；②糸部：繬（繬）；③牺（牺）。

【16】彐：彐

构件"彐"当是"彐"为了书写便捷的形体改造。《龙龛手镜·皮部》："皴"，同"皱"。构件"彐"应是对"彐"的进一步省简。《龙龛手镜·面部》收"䤿"字，以为"皱"的俗字，所从构件"彐"与《新撰字镜》一致。

①皮部：皱（皱）；②牛部：犕（犕）。

5. 小结

本节从隶定方式、构件的习见化改造、书写的便捷化倾向三个角度总结了《新撰字镜》中汉字形体的形变机制。这三方面的机制对应了两种不同的字形来源：

第一，《新撰字镜》以抄录汉文古字书为主。这些材料的字形都是成熟的隶书、楷书，并没有隶变以前的文字材料。目前的研究成果，也没有提示昌住曾经引用过如《汗简》《古文四声韵》一类的传抄古文字材料。那么，隶定方式不同造成的字形变化，就不会是昌住及天治年间抄写《新撰字镜》的法隆寺僧人的改造结果，而是汉字古字书中保留的形体。

王贵元先生认为，汉字在由篆书到隶书的发展过程中，同一元件会经历多种方式的改造。并将这一现象称之为"多途探索"。[1] 随着出土文献材料的不断增多，汉字隶变过程中"多途探索"的途径已经越来越明确。但是，还有大量字形在历史发展的过程中湮没无闻。《新撰字镜》中保留的大量字形，从形体上看，显然是对古文字隶定方式的不同造成的。但目前的古字书和典籍材料，又没有能和《新撰字镜》中所收字形完全对应的。《新撰字镜》中这一部分字形很可能就属于在历史中产生并且湮没的一部分字形。这部分材料对我们研究隶定古文和汉字隶变的过程，具有一定的价值。

隶定古文也不排除抄写者对字形进行了进一步的形变改造。但从《新撰字镜》整体字形的情况来看，这部分材料相当丰富，而且和隶变前的古文形体联系密切，隶定形式也与古字书的隶定古文方式一致。因此我们认为，即使昌住及其后来的抄写者对这部分隶定古文进行了形体上的改造，这种改造也只能是小范围的，对单个字形而言，也只会涉及细微的笔画、构件形体的改造。因此，这部分材料在总体上仍能较为全面地反映汉文字书和古代典籍中隶定古文的面貌。

第二，构件的习见化改造、书写的便捷化倾向两种动因的改造，这部分材料对汉字形体的改造较大，其中很大一部分在敦煌俗字、碑刻文献中能够找到形体依据，但也有一些目前还没有确切的字形与之对应。因此这一部分字形可能有两个来源，即抄写汉文字书的异体字形和日本僧侣抄写过程中改造的现象兼而有之。

二、字际关系研究

《新撰字镜》中处理的异体字、古今字、通假字、同源通用等关系的字，主要来源于汉文古字书。字际关系的问题，历来是汉文字书和古代训诂材料研究的重点内容。

---

[1] 参看王贵元《汉字发展史的几个核心问题》，《中国语文》2013年第1期。

《新撰字镜》中所涉及的字际关系，很多在古字书或训诂材料中早已明言。本节不对这部分内容进行重复的归纳、研究。

本节研究的对象有四种：一是汉文字书及传注材料中未加说明，但在典籍用字中确有依据的字际关系；二是汉文字书中未加说明，但传注训诂材料中零星提及的字际关系，或者语焉不详，或者与《新撰字镜》同时代甚至晚于《新撰字镜》；三是字书中明确提到，但字书时代晚于《新撰字镜》的情况；四是涉及三个及三个以上的字际关系时，字书未将其全部沟通，而在《新撰字镜》一条之内将其全部沟通。

《新撰字镜》以字书的形式明确说明字际关系，对我们进一步整理、发掘汉字的字际关系及字用实际，具有非常重要的线索作用。对于晚于《新撰字镜》的字书或者训诂材料中明言的那部分字际关系，则是一个有力的旁证。

(一)《新撰字镜》处理字际关系的方式

天治本《新撰字镜》共收录两万一千二百一十二个字头，其中包括了大量的异体字、古今字及假借、通假关系的字形，形成了非常复杂的字际关系系统。《新撰字镜》由于收字来源复杂，对各种字书处理字际关系的术语没有进行整理，因此造成书中处理字际关系的术语非常繁杂。我们从形式上可以归纳整理为以下若干类。

1. 并列两个或多个字头

《新撰字镜》的行文体例是竖排左行。每一条先以大字列出字头，再以双行小字书写释义部分。有些异体字即以并列字头的方式列出。

【1】《日部》：曺曹，自劳反，平。辈也。羣也。

【2】《口部》：咽呕，乌前反，平。吞也。嗌也。吭喉嗌咽也。

有时字头下会以"二同""二字同作"等术语提示二字为异体关系。若多个字头并列，则写明具体字数。

【3】《目部》：㛃𡇶，二形同。胡满反，平。

【4】《日部》：晨晨晨晨晨晨晨，七字同作。时仁反。时也。明也。旦也。早也。

【5】《肉部》：𦚰𦚰，通作。

【6】《口部》：𠮷𠮛𠮟，上俗作，二正作。

2. 释义中说明字际关系

释义中说明和其他字的关系。具体关系又分为如下几种：

（1）某字、某字同、亦作（为）某字、又作、或作

【1】《目部》：昫，眴字。见也。

【2】《口部》：咤喷，上都嫁反。咤喷也。叱，犹呵叱也。下又作歎，或作漬。普寸反，去。

【3】《口部》：呐，正奴骨反，入。迟钝也。亦为讷字。

（2）某字正字

【1】《身部》：躳，躬字正字。

（3）某字古文

【1】《目部》：囧，古文目字也。

（4）古作某形

【1】《人部》：係，古作系继二形，同作。

【2】《目部》：瞯，古文作騆。

【3】《耳部》：聋，古文作竦慺忩三形。

（5）某通作

【1】《人部》：尒，而氏反，上。□辞之必状也。是别义也。亦训近也。尒通作。

（6）某字今作

【1】《口部》：唤，又嚾字今作。

【2】《疒部》：瘒，今作瘒。时冗反。肿病也。

3. 说明和上一条字头的关系

（1）上字、上字同、上字一作

【1】《雨部》：霾，壬皆反，平。雨土也。

霾，上一本作。

【2】《口部》：啖，达敢达滥二反。食也。亦与也。

噉，上字。

啗，上字。

噉，上作。

（2）上正字、正作

【1】《艹部》：蓸，在劳反。卉也。

曹，上正字。

【2】《足部》：跧，通作子玉反，入。趾也。饱也。满也。

足，正作。

（3）上古文

【1】《口部》：噤，渠锦反，上。闲也。塞也。咋也。

唫，上字古文，口急也。

（4）上通作

【1】《人部》：倏，式六反。犬走疾。

倏，上通作。

【2】《言部》：諪，丁弄反。詷也。言急也。

憁，上字通作。

（5）上字今作

【1】《口部》：噏，义及反。敛也。引也。

吸，上字今作。

（6）上宜作

【1】《口部》：呝，鸣界反，去。于格反，入。火呼也。忧也。喔也。气逆也。

哑，上宜作，又乌雅反。

（7）上俗作

【1】《口部》：后，胡口反。君也。

君，俗作。

4. 综合形式

（1）并列字头，或作某

【1】《日部》：晖晕，二字同。或作辉，煇同。

【2】《口部》：嗶噪，正亦作䚄。

（2）并列字头，上字同

【1】《舌部》：䑙，食尒反。舐也。以舌取食。

狎猚舐甋呧，五形，皆上字。

（3）上字同，亦作某

【1】《口部》：𠮠〈䛯〉，居杜反。

𠮠，上字。古文䛯也。

（二）异体字

异体字关系，是《新撰字镜》中处理的一种常见的字际关系。本节梳理的异体字关系，很多均见于《集韵》《龙龛手镜》等晚于《新撰字镜》时代的字书。但因为《新撰字镜》成书较早，因此这部分材料还有一定的价值。

【1】腭－齶

《肉部》：腭，或作齶。五各反。齿所居也。

按：《字汇·肉部》："腭，与齶同。"《龙龛手鉴·齿部》："齶"，"齶"的俗字。《龙龛手鉴·肉部》："腭，正作齶。""腭"是"齶"的后出字，目前所看到的材料，最早见于《龙龛手鉴》。而《新撰字镜》中已经沟通了"腭""齶"二字的关系。

【2】豚、肫－独、猪

《肉部》：豚肫，同。之春、之罪二反。又太混反，平。豕也。宜作独，猪字。

按：《资治通鉴·齐纪八》："妃索贲肫。"胡三省注："肫，豕也。"《广韵·鱼韵》："猪，俗（猪）。"《广韵·魂韵》："豚，豕子也。"《广韵·魂韵》："独、豘，并与上同（豚）。"《新撰字镜》将"豚肫独猪"四字全部沟通起来。

【3】昑－氣

《日部》：昑，氣字古文，在气部。

按：《正字通·日部》："昑，吃本字。旧注重出，分为二。"《玉篇·日部》："昑，去既切。古气字。"《新撰字镜》中古"气"字正作"昑"。证明《正字通》所言不误。

【4】佚－劮

《人部》：佚，亦作劮。与一反，入。荡也。乐也。缓也。颜也。民也。扬也。

按：《广韵》"劮""佚"均作"夷质切"。《说文·人部》："佚，佚民也。从人，失声。一曰：佚，忽也。"段玉裁注："许书作佚民，正字也。作逸民者，假借字。佚从人，故为佚民字也。"《广雅·释言》："劮，豫也。"王念孙疏证："劮，通作逸。

《晋语》云：'豫乐也。'"字书均不言"佚""劮"二字的关系。但二字均与"逸"字相通，音义相同。《新撰字镜》以"佚""劮"二字为异体关系可信。

【5】额－頟

《页部》：额，五佰反，入。头也。颡也。頟颡也。

頟，上同字。

按：《说文·页部》："頟，颡也。"徐铉等注："今俗作额。"

【6】蕲－蕲

《廿部》：蕲，思赀反。苞荔，水生，似薀蔆也。

蕲，上移反。蕲，水菜。

按：《广韵·支韵》息移切："蕲，葴蕲，草似燕麦。"《广韵·支韵》息移切："蕲，草生水中，其花可食。"《史记·司马相如列传》："其高燥则生葴蕲苞荔。"王念孙《读书杂志·〈史记第六·司马相如列传〉》念孙案："索隐本'葴蕲'作'葴析'。……《说文》无'蕲''蕲'二字则作'析'作'斯'者是也。析斯声相近故古字通用其作蕲作蕲者皆因上。下文而误加廿耳。""蕲""蕲"的"水菜"意义，二字在典籍中互现，是异体字关系。

【7】啁－嘲

《口部》：啁，正竹苞反，平。相戯调也。借陟由反，平。恶留。

嘲，上字。

按：《集韵·啸韵》："啁，嘘也。"段玉裁《说文解字注·口部》："《仓颉篇》：'啁，调也。'谓相戏调也。今人啁作嘲。"《说文新附·口部》："嘲，谑也。从口，朝声。《汉书》通用啁。"

【8】瞇－瞙

《目部》：瞇，武延反，平。瞳子黑。

瞙，上字。

按：《正字通·目部》："瞇，本作瞙。"可证《正字通》所言不误。

【9】喊－譀、欱

《口部》：喊喊，上呼槛反。下又作譀欱二形，同。呼戒反。喊，大声语也。呵也。谓恚怒声也。

按："喊"，《广韵·怪韵》"许介切"："喊，喝喊也。"《集韵·怪韵》："欯，《说文》：'訾也。'或作喊。""諕"，《广韵·迄韵》"许迄切"："諕，语瞋声。"《玄应音义》卷十一"哅喊"注："《通俗文》作'諕'，大语也。""諕""欯""喊"三字当为异体关系，《新撰字镜》将其全部沟通起来。

【10】聉－刵

《耳部》：聉刵，让记、如志二反。截耳也。

按：聉，《广韵·鎋韵》作"五刮切"。《说文·耳部》："聉，𡈳耳也。"《方言》卷六："若秦晋中土谓堕耳者聉也。"钱绎疏证："𡈳耳谓之聉，犹断足谓之𠚺。"《说文·刀部》："刵，断耳也。""聉""刵"应为异体关系，是构形方式不同的两个字。

【11】齫－齳

《齿部》：齫，牛忿反。无齿。

齳，上字。

按：《广韵·吻韵》："齳，无齿。齫，同齳。"《正字通·齿部》："齫，同齳，俗省作齫。"《新撰字镜》中的记载，能够进一步证明"齫"是"齳"的形变字。

【12】笳－珈

《竹部》：笳，古遐反。亦作珈。妇人首饰。

按：《集韵·麻韵》："珈，《说文》妇人首饰。引《诗》副笄六珈。通作笳。"《广雅·释器》："笳，籫也。"王念孙疏证："《说文》：'兂。首笄也。'俗作簪。兂簪竝与籫同。……笄、笳、一声之转。《太玄·䇂》：'上九。男子折笄。妇人易笴。'笴与笳同。""珈""笳"都应为"笄"的声转字，故而音义相同。

【13】笍－茵

《竹部》：笍，大例反。茵字。补也。以竹补缺。

按：《玉篇·竹部》："笍，丈例切，以竹补缺也。"《改并四声篇海·廾部》引《奚韵》："茵，池尔切，补缺也。"从《玉篇》和《改并四声篇海·廾部》引《奚韵》的注音和意义来看，"笍""茵"音义皆同，当为一字的变形。

【14】毵－鬖

《毛部》：毵，又作鬖，苏南反，平。毛垂皃。毛长曰毵。

按：鬖，《广韵》作"苏甘切"。玄应《一切经音义》卷二十引《苍颉篇》："鬖，毛垂皃。"《集韵·阚韵》："髶，长毛皃。""毿"，《广韵》作"苏含切"。《玉篇·毛部》："毿，长毛皃。"《玄应音义》卷十一"毿毿"注："毿，毛垂皃。"故"毿""髶"二字为更换义符的异体字。

【15】諽－愅

《言部》：諽，公核反。黠也。愅字。智也。

按：《广韵·麦韵》"古核切"："愅，智也。"《广雅·释诂一》："諽，慧也。"《残卷》言部引《埤苍》："諽，黠也。"《广雅·释诂三》："愅，黠也。"王念孙疏证："諽，与愅声义并同。"王念孙始指出"諽""愅"为异体关系。《新撰字镜》早已明言二者是异体关系。

【16】絚－縆

《糸部》：絚縆，二同。古刭反，去。又户九反，平。绫也。弦也。亘也。

按：《集韵·登韵》："縆，《说文》：'大索也。一曰急也。'或省。"《水经注·河水一》："蹑悬絚过河，河两岸相去咸八十步。""絚""縆"在"大索"义上应为异体关系。

【17】紾－袗

《糸部》：紾袗，二同。之忍反。居忍反。衣单也。

按：《字汇补·糸部》："紾，单衣。"《篇海类编》作"之忍反"。《广韵·轸韵》"章忍切"："袗，单衣，或作襈。""紾""袗"二字在"单衣"义上音义相同，当为异体关系。

【18】絾－织

《糸部》：絾繶，二，上同（织）。

按：《说文·糸部》："絾，乐浪挈令织。从糸从式。"段玉裁注："乐浪郡挈于板之令也，其织字如此。录之者，明字合于六书之法则无不可用也。"《说文》记载乐浪郡所刻律令"织"作"絾"，段玉裁做了进一步解释。《新撰字镜》的记载则直接说明二者是异体关系。

【19】駛－駛

《马部》：駛駛，二同。所史反，去。疾也。水速也。

按：《说文新附·马部》："駛，疾也。"《正字通·马部》："駛，杜甫《雨》

诗：'潺潺石间溜，汩汩松上駛。'……俗本杜诗僞作駛。"《玉篇·马部》："駛，疾也。""驶""駛"当为异体关系，《正字通》释义可从。

【20】觠-𧢲

《角部》：觠𧢲，同作。居委反，上。兽角不齐皃也。

按："觠"字底本作𧢲，不见于汉文字书。《字汇·角部》："觠，居委切，兽角不齐。"《玉篇·角部》："𧢲，角不齐也。"《新撰字镜》作"觠"的字形，当即"𧢲"的形变字。《字汇》作"觠"形，当是"觠"的进一步形变。"觠""𧢲"二字当为异体字关系。

【21】稃䅳䅆麸

《禾部》：稃䅳䅆麸，四同字。芳扶反，平。麦甲也。

按：《广韵·虞韵》"芳无切"："稃，谷皮也。"《类篇·禾部》："稃，或作䅳。"《玉篇·麦部》："麸，麦皮也。"《广韵·虞韵》"芳无切"："麸，麦皮也。"《说文·麦部》桂馥义证："麸，或作䅆。"《新撰字镜》将四字全部沟通起来，说明四字是异体关系。

【22】粱-梁

《禾部》：粱，吕张反。稻粱，又作梁。

按：《玉篇·禾部》："粱，米名。"《集韵·阳韵》："粱，《说文》：'米名。'或从禾。"《字汇补·禾部》："梁，同粱。"

（三）分化字

本书所指的分化字，主要指因同源分化而产生的一组字。唐以前的汉文字书对古今字的揭示较少，《新撰字镜》多言及古今字之间的关系，可以补汉文字书的不足。

【1】晖-晕

《日部》：晖晕，二字同。或作辉、煇同。虚归、肝飞二反，平。光也。犹光明也。

按：《说文新附·日部》："晕，日月气也。从日，军声。"钮树玉新附考："晕即晖之异体。"《札迻·战国策高诱注·赵四》："故日月晖于外。"孙诒让按："'晖'今字作'晕'。""晖""晕"二字在"日月气"意义上是古今字关系。

【2】昇-升

《日部》：昇，升字同。失㷉反。出也。

按：《说文新附·日部》："昇，日上也。古只用升。"《玉篇·日部》："昇，或升字。""昇"是"升"表示"日出"义的分化字，《新撰字镜》释义作"出也"，即专指日出。

【3】胪-臚

《肉部》：胪，或作臚。力居反。皮也。

肤，上字同。方扶反。县名也。皮也。

按：《玉篇·肉部》："肤，皮也。"《说文·肉部》："胪，皮也。"段玉裁注："今字皮肤从籀文作肤，肤行而胪废也。"《集韵·鱼韵》："胪，《说文》：'皮也。'或从皮。"《集韵·鱼韵》："胪，腹前曰胪。或从皮。"

【4】㫍、䢄-期

《月部》：㫍䢄，二，期之古文。

按：两字形并见《玉篇》。《玉篇·月部》："㫍，古文期。"《说文》古文"期"作䢂，"㫍"盖由此隶定。《玉篇·日部》："䢄，古文期字。""䢄"形来源待考。

【5】唫-噤

《口部》：噤，渠锦反，上。闭也。塞也。咋也。唫，上字古文，口急也。

按：《说文·口部》："噤，口闭也。"《说文·口部》："唫，口急也。"古代文献常有"唫"作"口闭"义的例子。《墨子·亲士》："臣下重其爵，位而不言，近臣则喑，远臣则唫。"《吕氏春秋·重言》："君呿而不唫，所言者莒也；君举臂而指，所当者莒也。"高诱注："呿，开；唫，闭。"字书没有明确说明在"口闭"义上两字的关系，先秦文献中表示"口闭"义用"唫"不用"噤"。因此《新撰字镜》以"唫"为"噤"的古文，可备一说。

【6】忬-预、豫

《页部》：预，古文作忬，今作豫。余据反。安也。

按：《集韵·御韵》："预，或从心，通作豫。"《玄应音义》卷十"预立"注："古文预、忬二形。今作豫，同。"

【7】眂-视

《目部》：眂，当氐反，平。视皃。又时指反。视字古文。瞻也。眂。

眂，上字。

按：《说文》古文"视"作𥄙。《说文·见部》："视，瞻也。眂，古文视。"《玉篇·目部》："眂，古文视。"《广韵·旨韵》："视，眂、眎并古文。""眂"即"眎"字。

【8】嚾-唤

《口部》：唤，又嚾字，今作。荒旦、呼段二反。

按：《龙龛手镜·口部》即以"嚾"为"唤"的古字。

【9】籭-筛

《竹部》：□籭籭，三同作。所尔反，平。竹器也。箱也。笼也。又擣籭也。布留不毛□。筛同。

按：享和本字头作"籭筛"。"籭"当为"籭"讹。《说文·竹部》："籭，籭箪，竹器也。"朱骏声《通训定声》："籭，与籠略同。字亦作筛。今俗谓之筛，可以取粗去细。"《急就篇》："籭箪箕帚筐笼簝。"颜师古注："籭，所以筝去麤细者也，今谓之筛。"

【10】欶-嗽

《疒部》：嗽，又作欶。苏豆反，去。欶曰欬。

按：《广韵·候韵》："嗽，欬嗽。"《释名·释疾病》："欶，促也。用力急促也。"《周礼·疾医》："冬时有漱，上气疾。"阮元校勘记："唐石经诸本漱作嗽。案：《说文》无嗽字。此本注及疏仍作嗽。《释文》嗽本亦作欶字。按：作欶爲是。"《说文·欠部》："欶，吮也。""咳嗽"之义的"欶"，当是由"吮吸"义引申而来的。因为古人认为咳嗽是一种逆气的呼吸。后来作"嗽"字，当为"欶"的"咳嗽"义而专造的字。

【11】蠡-癳

《疒部》：癳，力果反。瘰也。皮腉也。瘰字。瘰，且鹿反。皮毛不疥癣也。癳也。

按：《广韵·果韵》："癳，同瘰。"《玉篇·疒部》："瘰，瘰蠡，皮肤病。""癳"当为"蠡"的"瘰蠡"义的后起分化字。

【12】责－讀

《言部》：讀，侧革反。谪也。让也。责字。

按：《广雅·释诂二》：“讀，让也。”王念孙疏证：“讀，经传通作责。”"讀"当为"责"表示"责让"义的后起分化字。

【13】譒－播

《言部》：譒，补佳（反）。播字。敷也。

按：《说文·言部》《玉篇·言部》：“譒，敷也。”徐锴系传：“譒，布言之也。”段玉裁注：“《手部》：'播，一曰布也。'此与音义同。”"譒""播"二字应是同源词，"譒"专指言语的传播、扩散。《新撰字镜》始沟通二者关系。

【14】绩－勣

《糸部》：绩，勣，上字古文。子狄反，入。成也。争也。业也。继也。功也。

按：《玉篇·力部》：“勣，功也。”《慧琳音义》卷八十"勣深"注引《考声》云："勣犹功也。""功效者也。"《说文·糸部》："绩，缉也。"《诗·大雅·文王有声》："维禹之绩。"郑玄笺："绩，功也。"据按："勣"当为"绩"在"功绩"义上的后起分化字。《新撰字镜》"上字古文"，当指上字"绩"为"勣"的古文。

【15】蔇－穊、秜

《禾部》：穊秜，古文作蔇。二字同。稠也。

按：蔇，《广韵·未韵》"居豙切"："《说文》云：'卅多皃。'"穊，《广韵·至韵》"几利切"："穊，稠也。"朱骏声《说文通训定声》："蔇，卅多皃。从卅，既声。禾多曰穊。"《玄应音义》卷十一"稠穊"注："穊，古文蔇，同。""蔇""穊"二字音义皆通，"穊"当为"蔇"的后起字。朱骏声之说盖是因义符的区别强为之别。

【16】夒－翪

《羽部》：翪，子公反。竦下也。夒字。

按：《说文·夂部》："夒，敛足也。'鹊鶅丑，其飞也夒。'"桂馥义证："鹊鶅丑，其飞也夒者，《释鸟》文，彼作'翪'。郭云：'竦翅上下。'《释文》云：'翪，《字林》作夒。'""翪"当为"夒"在"敛足"义上的后起分化字。

【17】哇－嗁

《口部》：哇嗁，同。于佳反。淫声也。瞖諂声。讴也。耶也。

按：汉文古字书没有言及"哇"和"嘕"的字际关系。《集韵·齐韵》："嘕，嘕嘕，声也。"《集韵·佳韵》："哇，谄声，一曰喉结塞皃。"《庄子·大宗师》："屈服者，其嗌言若哇。"陆德明《经典释文》："哇，结也，言喉咽之气结碍不通也。"《绛雪园古方选注》："喉中水鸡声者，痰气出入而嘕咯也。"《柳选四家医案》："昼日微欬。夜寐则喉中嘕吼有声。"可见《集韵》释作"声也"，应专指喉咙因痰堵塞而发出的声响。"哇"属见母佳韵，"嘕"属晓母齐韵，两者古音可通。"嘕"字在"喉咙因结塞而发出的响声"的意义上，应是"哇"的分化字。

【18】惷 - 戇

《心部》：惷，丑绛反，平。愚也。太伊反。

戇，上字。

按：《集韵·用韵》："惷，或作戇。"《资治通鉴·晋纪三十》："素惷弱。"胡三省注："惷，与戇同。"《集韵》之前的字书不言二字是异体关系。《说文》："戇，愚也。从心，贛声。"《广韵》作陟降切，又呼贡切，东部。《说文》："惷，愚也，从心，舂声。"《广韵》书容切，又丑江切，东部。可见二字同源通用关系可信。

【19】噆 - 师

《口部》：噆，子腊反。衔也。

师，上俗作。

按：师，《广韵·合韵》"子答切"："师，入口也。"《玉篇·口部》："师，鱼食。""噆"，《广韵·感韵》"七感切"："噆，衔也。"《说文·口部》："噆，嗛也。"《慧琳音义》卷四百六十"师食"条："师，浅入口而味之也。从口，帀声。帀音迊。《说文》作噆衔也。"方以智《通雅》卷一："噆，作答切。亦作师咯，皆款也。""师"当是由"噆"分化而来。

【20】喝 - 吝

《口部》：嗢，喝字。烟痛也。

按："嗢"当为"噎"的更换声符的形声字。"烟"当为"咽"之讹。《玉篇·口部》："噎，噎也。"《玉篇·口部》："喝，嘶声也。"《方言》卷六："嗢，噎也。"郭璞注："嗢，谓咽痛也。"钱绎疏证："嗢、喝、噎，字异义同。""嗢""喝""噎"三字音近义通，当为一声之转。前代字书没有沟通"噎"与"嗑""喝"的关系，直至钱绎疏证才明确指出。

【21】挥－潭

《水部》：潭，呼韦反。竭也。挥字也。

按：《说文·手部》："挥，奋也。"《文选·沈约〈齐故安陆昭王碑文〉》："临淄之挥汗成雨。"李善注引高诱曰："挥，振也。"《尔雅·释诂下》："挥，竭也。"郭璞注："挥，振去水，亦为竭也。"《玉篇·水部》："潭，许韦切。竭也。"《广韵·微韵》"许归切"："潭，竭也。""潭"当是"挥""振去水"意义的分化字，故而引申有"竭"义。

【22】缺－齼

《齿部》：齼，胡夹反。缺齿也。噍声。

缺，子叶反。

按：《集韵·洽韵》："齼，缺齿。""缺"当为"缺"的换符形声字，"齼"当为"缺"在"缺齿"意义上的后起分化字。

（四）据音借用关系

据音借用是书写时使用的同音替代的字。《新撰字镜》中揭示的字际关系，有一部分就是据音借用关系。但《新撰字镜》并未指出这一概念，因此需要对其中的通假关系加以甄别研究。

【1】晤－悟

《日部》：晤，鱼故反，去。明也。悟字同。高也。照也。光也。晃也。晖也。

按：杜甫《朝献太清宫赋》："而观者潜晤。"仇兆鳌详注："晤与悟通。"

【2】照－昭

《日部》：照，志遥反，平。光也。上字别（昭）。

按：《说文·火部》："照，明也。"段玉裁注："照，与昭音义同。"《读书杂志·管子第八·内业》："照乎知万物。"王念孙按引洪云："照，与昭通。"

【3】萠－忙

《月部》：萠，莫刚（反）。忙字。邉也。

按：《广韵·唐韵》"莫郎切"："茫，遽。"《说文·朙部》："茫，翌也。"段玉裁注："茫，即今之忙字。亦作茫，俗作忙。"《玉篇·心部》："忙，忧也。"《广韵·唐韵》"莫郎切""忙，怖也。"《切韵》《广韵》径释"茫"为"遽"。据《新撰字镜》，"茫"当为"忙"的通假字。

【4】係-繫、继

《人部》：系，古作系、继二形，同作。古帝反，去。絜束也。连也。

按：《说文·人部》："系，絜束也。"《玄应音义》卷一"系心"注："系，古文系、继二形，同。"

【5】俜-并

《人部》：俜并伨，三形同。并也。竝也。罗列也。

按：《广韵·劲韵》："俜，隐僻也，无人处。"《说文·人部》："并，并也。"《篇海类编·人物类·人部》："伨，俱也，并也。"《新撰字镜》认为"俜"与"并""伨"三形同，大概是因为"并"可以通"屏"。《荀子·彊国》："并己之私欲必以道。"杨倞注："并读曰屏，弃也。""俜"与"屏"同。《篇海类编·人物类·人部》："俜，亦作屏，……斥也。"

【6】僟-機

《人部》：僟禨〈僟禨〉，同作。居希反。精详。

按：《说文·人部》："僟，精谨也。"《集韵·微韵》："禨，通作僟。""僟""禨"二字为通假关系。

【7】佛-咈

《人部》：佛，正芬末反，入。去仿佛也。或爲髴字。借扶勿反。释种也。违戾之佛为咈字。人也。骨也。耳也。王也。

按：《说文·口部》《玉篇·口部》："咈，违也。"《史记·老子韩非列传》："大忠无所拂悟。"张守节正义："拂悟当为咈忤。古字假借耳。咈，违也。"《广韵·物韵》："咈，戾也。"《文选·东方朔〈非有先生论〉》："夫谈者有悖于目而佛于耳。"李善注引《字书》："佛，违也。"《礼记·曲礼上》："献鸟者佛其首。"郑玄注："佛，戾也。"《广雅·释诂》："咈，鳌也。"王念孙疏证指出：咈、拂、佛、弼，并字异而义同。

据上，"佛"有"违""戾"之义，当为"咈"的通假字。古字书及训诂材料均未指出二者的通假关系，直至王念孙才明确了二者的关系。但《新撰字镜》早已明言二者的关系。

【8】侅－賌

《人部》：侅，行改反。奇侅，非常也。賌字。

按：《说文·人部》桂馥义证："侅，字或作賌。"王念孙《读书杂志·汉书第七·艺文志》"奇胲"，王念孙按："侅，正字也。胲、賌、咳皆借字耳。"

【9】頔－䐆

《页部》：頔，真追反，平。额出也。亦作䐆也。

按：《玄应音义》卷二十三"项頔"条："直追反。《说文》：'额出也'今用其义律文作䐆，未见所出。"《玉篇·肉部》："䐆，重䐆，病。"《广韵》澄母真韵字。"頔"《广韵》澄母脂韵字。《新撰字镜》"亦作䐆也"，当是指佛经律文中以"䐆"为"頔"的通假字。

【10】腴－腧

《肉部》：腴，臾俱反。腹下肥也。腹也。腹五藏腧也。

腧，上字，非。伤遇反。

按："腴"当为"腴"字的形变。《说文·肉部》："腴，腹下肥也。"《玉篇·肉部》："腧，五藏腧也。"《广韵·遇韵》伤遇切："腧，五脏腧也。"指的是人体上的穴道。《五音集韵·虞韵》羊朱切："腧，腧腧，媚皃。""腧"可通"腴"：《太平广记》卷八十二引陈翰《异闻集》："观子肤极腧，体胖无恙。""腧"作"伤遇反"时是"五脏腧"之义，作"羊朱切"时通"腴"。《新撰字镜》"腧"下既言"上字"，又标明音"伤遇反""非"。盖因作书时，看到不同的材料，无法抉择，所以全都收录。

【11】笞－箷

《竹部》：笞，徒哀反，平。又声上。竹萌出者也。篾也。

按：朱骏声《说文通训定声》："笞，假借为箷。"《玉篇·竹部》："箷，竹萌也。"以本字"箷"释假借字"笞"。说明至迟在《新撰字镜》时期就借"笞"为"箷"。

【12】绨-缇

《糸部》：绨缇，二同。度嵇反，平。缯也。厚缯。色绿而泽也。绵也。缇，帛亦黄之色。

按：《说文·糸部》："缇，帛丹黄之色。""亦"当为"丹"讹。《说文·糸部》："绨，厚缯也。"《广韵》二者均为"杜奚切"，二者语音一致，但是意义相差甚远。《说文·糸部》桂馥义证："绨，通作缇。"二字当为通假关系。

【13】纚-罽

《糸部》：纚，几厉反。毵布也。锦罽文绣也。罽字。

按：《说文·网部》："罽，鱼网也。"《说文·糸部》："纚，西胡毵布也。"《尔雅·释言》："氂，罽也。"郝懿行义疏："罽者，纚之假借也。""罽"当为"纚"的假借字。

【14】襄-骧

《衣部》：襄，先羊反。上也。反也。成。除也。驾。骧字也。

按：《尔雅·释言》："襄，驾也。"郝懿行义疏："襄者，骧之假借也。"《新撰字镜》的释义，已言明作"驾"义的"襄"，本字当为"骧"字。

【15】种-冲

《禾部》：种，冲同字。直隆反，平。稚也。

按：朱骏声《说文通训定声·丰部》："冲，假借为僮。"《书·盘庚下》："肆予冲人，非废厥谋，吊由灵。"孔传："冲，童，童人，谦也。"孔颖达疏："冲，童声相近，皆是幼小之名。"《广韵·东韵》："直弓切"："种，稚也。"《五音集韵·东部》："种，稚也。或作冲。亦姓。后汉司徒河南种暠""种""冲"有"稚"义，皆是假借了"僮"字。而《新撰字镜》沟通了"种""冲"二字的假借关系。

【16】繇-籀

《禾部》：籀，除救反。于也。读书也。繇字。

按：朱骏声《说文通训定声·系部》："繇，假借又为籀。"《尔雅·释诂上》："繇，于也。"郝懿行义疏："繇辞之繇，《说文》作籀。""繇"在古代文献中假借为"籀"。

【17】鴆－酖

《鸟部》：鴆，今作酖，除禁反。

按：朱骏声《说文通训定声·临部》："酖，假借为鴆。"徐珂《清稗类钞·动物类》："鴆，亦作酖。毒鸟也。"《古今韵会举要·沁韵》："酖，酒有鴆毒。"可见历史文献中常以"酖"假借为"鴆"。但明言二者的假借关系，则是很晚的字书中才出现。

【18】獀－蒐

《犭部》：獀獀獀，三形作。所留反。春猎也。聚也。

蒐，上古文。

按：《广韵·尤韵》："春猎曰蒐。"《集韵·有韵》："獀，春猎名。"《玉篇·犬部》："獀，亦作蒐。"朱骏声《说文通训定声》："蒐，假借为獀。"

（五）同训关系

《新撰字镜》在确认字际关系的时候，往往会把同训关系的字并列字头，并注明"同"。从现代词汇学的角度来看，同训关系的词往往被称为同义词或近义词，与异体字、同源分化字、古今字的概念差别甚远。但《新撰字镜》的这种处理方式，反映了当时日本学者对汉字字际关系的一种认识，与将形近字认作异体字有着本质的不同。因此我们不能简单地将其归为讹误的情况。

【1】躐－疃

《足部》：躐，他卯反。践邋〈处〉也。疃字。

按：《说文·足部》："躐，践处也。"段玉裁注："此与'疃'同义。《田部》曰：'疃，禽兽所践处也。'"

【2】糒－糗

《米部》：糒糒糒，三同。苏秘反，去。干饭。他或作麴，非。

按：《玉篇·米部》："糒，同糒。"《龙龛手鉴·米部》："糒，同糗。"《玉篇·米部》："糗，糒也。"《玉篇·米部》："糒，干饭。"《广韵·至韵》："糒，糗也。"《广韵》"糗"作"平祕切"，"糒"作"去久切"。二者是互训的关系。

【3】嫴－忧

《彡部》：嫴，子邪反。咨嫴也。忧字古文。叹也。美也。

按：《玉篇·长部》："镸差，忧叹也。"《尔雅·释诂下》："嗟，镸差也。"陆德明《释文》引《字林》："镸差，古嗟字。""镸差"是"嗟"的古字，并不是"忧"的古字。

【4】嚩－喋

《口部》：嚩喋，正亦作鯖。补洛反。下子立反。噍也。声也。歠也。

按：《说文·口部》："嚩，噍皃。从口，尃声。"《广韵·铎韵》作"补各切"，属帮母铎部字。喋：《说文·口部》："喋，噍也。从口，集声。"《广韵·缉韵》作"子入切"，属精母缉部字。从汉文字书来看，"嚩""喋"二字应该只是意义相近，在《新撰字镜》因训同而并列字头。

【5】笁－筟

《竹部》：筟笁，二同。蒲变反。竹器而衣者也。衣也。被表也。

按：《玉篇·竹部》："笁，同筟。"《集韵·换韵》："笁，竹器，或作遵。"《广韵·换韵》"苏贯切"："笁，竹器。""笁"有"竹器"义，当为"遵"的通假字。"笁"与"筟"不同音，不属于异体字。

【6】㖫－騞

《口部》：㖫，在马部。

按："㖫"当为"㖧"字形变。《玄应音义》卷四"騞然"注："騞，义亦与㖧字同。"《龙龛手镜·马部》："騞，呼麦反。行不止也。又騞然忽也。又与㖧同出《玉篇》。"底本所言"在马部"，当指"騞"字而言。

【7】騩－禡

《马部》：騩，都老反。稠字。祷牲，马祭也。

禡，上字。

按：《说文·示部》："禂，祷牲马祭也。騩，或从马，寿省声。"《广韵·皓韵》作"都晧切"。《广韵·禡韵》"莫驾切"："禡，师旅所止地祭名。"可见"騩""禡"虽同为祭祀名称，但祭祀对象和目的相差甚远，音义俱不相同，不是一词。像这样仅有微弱意义联系的词，《新撰字镜》也因训释相关而并列字头。

【8】絨－縱

《糸部》：絨，尤月反。菜也。希。

縱，上匈反。上字同。

按：这两条释义都出自原本《玉篇》。《残卷·糸部》："絨，禹月反。《说文》：'絨，采也。也一名事马君也。'《苍颉篇》：'希繱纇也。'"《残卷·糸部》："縱，子凶反。《说文》：'絨属也。'"《说文·糸部》："絨，采彰也。一曰车马饰。从糸戉声。"原本《玉篇》引《说文》有误，当据《说文》改。《说文·糸部》："縱，絨属。""絨""縱"二字有意义上的联系，《新撰字镜》"縱"释义作"上字同"，源于原本《玉篇》的释义。

第四章 释义研究

一、改动汉文古字书释义

根据昌住在《新撰字镜》序文中的表述可知，《新撰字镜》主要来源于《一切经音义》《玉篇》和《切韵》三种字书。但是，《新撰字镜》中还有大量释义，与上述这些材料都不能完全对应。造成这种情况的原因，我们认为可以从两个角度考虑：一是昌住作《新撰字镜》时参引的汉文古字书的内容，与今天所见到的版本内容不尽相同，还有很多材料已经完全散佚；二是昌住在抄录过程中，可能会根据他本人对词义的理解，按照当时的语言习惯进行改动。但昌住在编纂《新撰字镜》的过程中并没有明确说明其对参引的古字书的释义进行过改动，因此在研究这个问题时，主要还是要具体对比《新撰字镜》的释义与汉文古字书释义的差别。

（一）义界替换直训

义界和直训都是一种训诂方法。义界是用词组、句子或句群作定义式、描写式的训释，而直训则主要是以词释词。义界的训释往往更容易通俗、详尽地揭示词义。汉文古字书一部分以直训为训释方式的词，在《新撰字镜》中被改造成义界的训释方式。

《新撰字镜》中的义界替换直训，还包括用详细的描述，替代字书中简略的词组释义的方式。

【1】《肉部》：腭，或作齶。五各反。齿所居也。

按：《集韵·铎韵》："腭，齿断。"用"齿断"训释"腭"，是直训的方式，但改作"齿所居"，则具体描述了"腭"的位置，释义更加明白易懂。

【2】《肉部》：膇，驰伪反，去。重膇，病则下重也。

按：《玉篇·肉部》："膇，重膇，病。"《集韵·寘韵》："膇，足肿也。""病则下重"即是对"足肿"的描述。

【3】《火部》：焚，扶云、扶芬二反。以物入火之皃。

按：《玉篇·火部》："焚，父云切。烧也。"《广韵·文韵》："焚，焚烧。"

【4】《火部》：煠，土洽、徒牒二反。以菜入涌汤曰煠煮也。

按：《玉篇·火部》："煠，爁也。"《新撰字镜》用"以菜入涌汤"具体解释了"爁"的意义。

【5】《火部》：熛，府僚反。飞烬也。烬中飞散细火也。

按：《玉篇·火部》："熛，火飞也。"《广韵·宵韵》："熛，飞火也。""烬中飞散细火"是对"火飞"的详尽解释。

【6】《齿部》：龤，五各反。齿内上下宍也。

按：《龙龛手鉴·齿部》："龤，齶的俗字。"《玉篇·齿部》："齶，斵也。"

【7】《心部》：憃，亦作㦿䡴二形。于剡、鱼祭二反。眠内不觉妄言也。

按：《说文·心部》："憃，寱言不慧也。"《玉篇·心部》："憃，寐言也。"《广雅·释言》："憃，寱也。"

【8】《疒部》：瘐〈瘦〉，所又反，去。臞〈臒〉也。无肉也。

按：《说文·疒部》："瘦，臒也。"段玉裁注："今字作瘦。"

【9】《骨部》：骹，以小反。腹傍空处也。曾保支。

按：《集韵·筱韵》："骹，水䐔也。""水䐔"一词不常见，《新撰字镜》用描述性的解释替代了字书中的直训释义方式。

【10】《女部》：娝，山交反。姊也。于自身，女兄曰姊。

按：《玉篇·女部》："娝，姊也。"《新撰字镜》改用"女兄"来解释"姊"，释义更加易于理解。

【11】《衣部》：襭，相结反，入。以衣袺盛物也。

按：《玉篇·衣部》："襭，袺也，以衣袺扱也。"《广雅·释诂一》："扱，取也。"王念孙《广雅疏证》："《士昏礼》记云：'祭醴，始扱一祭，又扱再祭。'扱之为言把取之也。"《新撰字镜》用"盛物"替代了"扱"。

【12】《土部》：堰，于远反，去。土断水使不流也。

按：《玉篇·土部》："堰，壅水也。"《新撰字镜》用"土断水使不流也"，进一步解释了"壅水"的含义，释义更加明白。

【13】《廿部》：菳，胡感反，平。谓花之未开者也。

按：《说文·廿部》："菡，菡萏。"徐锴系传："菡，犹含也，未吐之意。"《广韵·感韵》："菡，菡萏。""谓花之未开者"是对"菡萏"的描述性解释，释义更加明确。

【14】《马部》：䮧，许县反，去。青骊马也。青黑色文马也。

按：《说文·马部》："䮧，青骊马。""青黑色文马也"实际上是对"青骊马"的进一步解释。

【15】《禾部》：秅，宅加反，平。二秭，即九万六千斤也。

按：《说文·禾部》："秭也。从禾乇声。《周礼》曰：'二百四十斤爲秉。四秉曰筥，十筥曰稯，十稯曰秅，四百秉爲一秅。'""秭"即"秭"讹。《新撰字镜》将《说文》中释义所提到的数量关系算出，明确了"秅"的重量，释义更加直观通俗。

【16】《禾部》：穗，徒告反。穀成孰也。

按：《说文·禾部》："采，禾成秀也。穗，采或从禾，惠声。"《玉篇·禾部》以"采"为"穗"的异体字。《新撰字镜》以"穀成孰"替代"秀"，释义通俗易懂。

【17】《竹部》：竿，公安反。竹梃也。竹笒也。麓也。悬衣带等类。

按："竿"的"悬衣带等类"释义，不见于字书。《尔雅·释器》："竿谓之箷。"《集韵·翰韵》："竿，衣架。""悬衣带等类"的释义更加通俗易懂。

【18】《人部》：僚，留马之绳也。马口衔者绪也。辔也。

按：《广韵·萧韵》："鞗，革辔。"《新撰字镜》用"马口衔者绪""留马之绳"这样的描述性释义，进一步解释了"革辔"的含义。

【19】《页部》：颤，之膳反，上。头不正也。四支动也。

按：《玉篇·页部》："颤，颤动也。"《广韵·线韵》："颤，四皮寒动。"

【20】《口部》：哂，失忍、移忍二反。哎也。开口覆齿之皃。

按：《集韵·轸韵》："欤哂哂，《说文》：'笑不坏颜曰欤，或作哂、哂。'"《说文·欠部》："笑不坏颜曰欤。从欠，引省声。"段玉裁注："然则笑见齿本曰矧，大笑也；不坏颜曰欯，小笑也。"依《说文》的解释，"坏颜"的意思很含混，不易理解。直到段玉裁才明确了"䶗"与"欯"的区别在于是否露齿。而《新撰字镜》已明言"䶗"为"开口覆齿之皃"。

【21】《口部》：噱，市署反。喜咲不自胜皃。

按：《说文·口部》："噱，大笑也。"

【22】《耳部》：聝，古白反，入。执刀兵而割截于其耳也。获也。削也。又从首。

按：《说文·耳部》："聝，军战断耳也。《春秋传》曰：'以为俘聝。'"

【23】《肉部》：胆，大候反，去。项衡驾处也。犹项也。

按：《说文·肉部》："胆，项也。"柳宗元《牛赋》："牟然而鸣，黄钟满胆。觝触隆曦，日耕百亩。"杨雄《羽猎赋》："触辐关胆。""胆"在文献中强调的是牲口套辕之处，汉籍文献中没有指出这个意思。

【24】《石部》：磩，鱼倚反，上。碕磩。又石品山状也。

按：《广韵·纸韵》："碕，碕磩，石皃。"

【25】《玉部》：玔，齿□、诗川二反。臂鐉也。女人挂于臂上也。钏同。

按：《玉篇·玉部》："玔，玉玔。"《集韵·线韵》："玔，玉环。"释义说明用途，更加详尽。

【26】《耒部》：耡，鉏锄二同。助己反，去。除草器有柄也。藉也。

按：《说文·金部》："鉏，立薅所用也。"《玉篇·金部》："锄，同鉏。"《慧琳音义》卷二十四"锄治"注引顾野王云："锄，田器也。"古代字书及训诂材料多以"田器""立薅所用"解释"锄"，释义不够准确详尽。《新撰字镜》释以"除草器有柄也"，不但说明了"锄"的功用，还描绘了其形制特点，准确详尽。

【27】《土部》：壝，余秀反。坛外封茔也。

按：《玉篇·土部》："壝，犹坛也。"《周礼·春官·都宗人》："若有寇戎之事，则保群神之壝。"贾公彦疏："壝者谓于中爲坛，四畔爲壝，举壝则坛见矣。"《广韵·脂韵》："壝，埒也。"《说文·土部》："埒，卑垣也。"《仪礼·觐礼》："诸侯觐于天子，为宫方三百步。"郑玄注："宫，谓壝土爲埒，以象墙壁也。"底本"茔"当通"营"，古籍中常见。《说文·宫部》："营，市居也。"桂馥《义证》："营谓周垣。""埒""营"的意思均为场地四周的土围墙，《新撰字镜》以"茔"（营）释

"壃",不见于汉文古字书,但其释义不误。且以"坛外封茔"对"壃"做了更加详细的解释。

【28】《火部》:烊,青对反。刀釖新成,以水鋈令坚也。燸也。为淬字。正字作"焠"。

按:《说文·火部》《玉篇·火部》:"焠,坚刀刃也。"

【29】《火部》:煣,而九反。以火蒸木使曲,曲木令直也。

按:《说文·火部》:"煣,屈申木也。"《玉篇·火部》:"以火屈木曲。"

【30】《革部》:靷,余忍反,去。系于马胷者也。

按:《说文·革部》:"靷,引轴也。"段玉裁改为:"所目引轴者也。"表明"靷"是用来引轴的工具。《新撰字镜》用"系于马胷者",具体描述了直训词"所目引轴者"的含义,同时印证了段玉裁的释义。

【31】《心部》:忍,而轸反,上。能也。含容强也。

按:《玉篇·心部》:"忍,强也。"

【32】《疒部》:瘨,止与反。病也。血泣患也。

按:《尔雅·释诂上》:"瘨,病也。"《集韵·语韵》:"瘨,忧病。"毕沅《释名·释疾病》:"肿,锺也。寒热气所锺聚也。"毕沅疏证:"《说文》:'肿,痈也;痈,肿也。'《灵枢》云:'寒邪客于经络之中则血泣;血泣则不通;不通则卫气归之不得复反,故痈肿。'"可见"血泣"是气血凝结不通之义。

(二)通俗易懂词汇替换晦涩难懂词汇

《新撰字镜》在解释词义的时候,有时会用通俗易懂的词汇替换晦涩难懂的词汇。字书、文献中用来释义的词汇,一般特点是以易懂的词汇解释难懂的词汇。但是,由于字书时代久远,很多用来释义的词汇,到了后代也变得晦涩难懂了。《新撰字镜》这样改动的目的,也是为了便于当时人的理解。

【1】《肉部》:䏲,目屎。

按:"䏲"当为"䁾"的讹字,"䁾"为"眵"的俗字。《慧琳音义》卷七十五"中眵"注引《考声》:"眵,目中汁也。""目屎"的说法当属通俗的词语,在文献中很少出现。《新撰字镜》用通俗的词"目屎"替换了书面语色彩较重的释义方式。

【2】《肉部》：脬，普包反。尿本曰脬，旁光也。尿囊也。

按：《说文·肉部》："脬，膀胱也。"《广韵·肴韵》："脬，腹中水府。""尿囊"为较通俗的词。

【3】《肉部》：膌，都家反。抓病也。𦞤也。疮也。疧也。

按：《集韵·麻韵》："瘩，《博雅》：'痕瘩，瘢也。'或作膌。"《集韵·祃韵》："𦞤，疮皮。"《集韵·燄韵》："𦞤，《说文》：'创肉反出。'或作疧。"《新撰字镜》用口语词"抓病"比较明确地指出"膌"即"疮"的意思，并且以释义的方式沟通了"膌""𦞤""疮""疧"这些词的意义。

【4】《肉部》：胆，七余反。虫在肉中。一云蝇子。

按：《希麟音义》卷八"蝇蛆"："蛆，蝇所乳者也。"《素问·五常政大论》："其主飞蠹蛆雉。"王冰注："蛆，蝇之生者。"《新撰字镜》释义作"蝇子"，更加通俗易懂。

【5】《身部》：躭，丁南反。滞欲也。躭，同躭。

按：《慧琳音义》卷三"躭乐"注引《韵英》："躭，好也。"《慧琳音义》卷五"躭染"注引《考声》："躭，嗜也。"

【6】《心部》：㭏，渠记反。所以连缀簪记之也。

按：《广韵·志韵》："㭏，㭏树。"《集韵·志韵》："㭏，㭏𧛸，定绠纽之物。""所以连缀簪记之"较之《集韵》的解释更加通俗易懂。

【7】《页部》：𩑔，而廉反，平。颊毛也。

按：《集韵·盐韵》："𩒰，《说文》：'颊须也。'或从彡，亦作𩑔。"用口语色彩较强的"毛"替换了书面语色彩较强的"须"。

【8】《页部》：顿，都因反，上。叩头也。下首也。坏也。

按：《说文·页部》："顿，下首也。"《慧琳音义》十八卷"顿弊"注引《说文》："顿，下首至地也。"

【9】《页部》：䫴，进力反，上。耻也。头发少。

按：《说文·页部》："䫴，䫴䫴也。从页，㷾声。一曰头少发。"《玉篇·页部》："䫴，头少发皃。"《集韵·準韵》："𠐶，憨耻心。通作䫴。"《新撰字镜》盖依当时的语言习惯，将"头少发"改作了"头发少"。

【10】《口部》：啁，正竹苞反，平。相戲調也。

按：《集韵·啸韵》："啁，嘘也。"段玉裁《说文解字注·口部》："《仓颉篇》：'啁，调也。'谓相戏调也。今人啁作嘲。"

【11】《耳部》：䎃聏，上字。让记、如志二反。截耳也。

按：《说文·耳部》："䎃，塌耳也。"《新撰字镜》释义用"截"替换了"塌"。

【12】《马部》：騇，始夜反，去。马牝也。女马。

按：《尔雅·释畜》："牝曰騇。"《新撰字镜》用"女马"的说法替代了"马牝"。"女马"的说法在汉文字书和典籍中极少见，可能反应出当时的一种语言现象。

【13】《鸟部》：鴷，吕薛反。啄木鸟。

按：《玉篇·鸟部》："鴷，斲木。"《广韵·薛韵》："鴷，啄木。"《集韵·薛韵》："鴷，鸟名。或从隹。"《龙龛手镜·鸟部》："鴷，音列。啄木鸟。"古代字书解释"鴷"，一直未以"啄木鸟"解释，至《龙龛手镜》始见。

【14】《疒部》：瘈，尺制反。小儿惊也。

按：《说文·疒部》："瘈，小儿瘈瘲病也。"段玉裁注："今小儿惊病也。"

【15】《巾部》：帗，公答反。以席载米。

按：《说文·巾部》："帗，蒲席龉也。"《玉篇·巾部》："帗，以席载谷。"《新撰字镜》与二者的释义均不完全相同，较之《玉篇》释义，用"米"替换了"谷"。

【16】《衣部》：襦，即脂反，平。纕。

按：《说文·衣部》："襦，缏也。"《玉篇·衣部》："襦，同裾。""裾，裳下缉也，疾也，缏也。"《说文·糸部》："缏，交枲也。"《玉篇·糸部》："纕，收衣袖紾。""襦"指下衣的锁边。在《说文》《玉篇》中，"锁边"的意思用"缏"来表示，在《新撰字镜》中用"纕"表示。

【17】《糸部》：缬，下刊反，入。结帛以染得色也。

按：《集韵·屑韵》："缬，系也。谓系缯染为文也。"玄应《一切经音义》卷十："缬，谓以丝缚缯染之，解丝成文曰缬也。"古字书和佛经音义皆言"染成文"，但是"文"表示"图案"的意思盖不习见，所以《新撰字镜》用"染得色"解释。

【18】《酉部》：酤醵，其虐反。各出酒也。酤字。

按：《说文·酉部》："醵，会歙酒也。"《广韵·药韵》："醵，合钱歙酒。""各出酒"即为"合钱歓酒"之义。

【19】《瓦部》：甀，古县反。瓮底孔，以孔下酒为甀。

按：《玉篇·瓦部》："甀，瓮底孔，下取酒也。"《集韵·霰韵》："甀，盎下窍。""甀"的词义是用于过滤米酒的瓮底部的小孔。《玉篇》"下取酒也"和《新撰字镜》"以孔下酒为甀"都是对"瓮底孔"的进一步解释，但是《新撰字镜》的解释更加通俗易懂。

【20】《玉部》：璨，昨旱反，上。杂玉。玉名也。圭也。

按：《说文·玉部》："璨，三玉二石也。"徐锴《系传》："三玉二石，谓五分玉之中二分是石。"《新撰字镜》的解释虽不如《说文》解释准确详尽，但用"杂玉"解释，通俗易懂，抓住了词义的核心。

【21】《羽部》：翯，勅騰反。鸟飞行极高也。

按：《说文·羽部》："翯，飞盛皃。"《玉篇·羽部》："翯，高飞皃。"《广韵·盍韵》"吐盍切"："飞皃。"《新撰字镜》的释义用"飞行极高"替代了"飞盛""高飞"的释义。

【22】《疒部》：瘺，芳莲反。枯身。

按：《说文·疒部》："瘺，半枯也。"段玉裁注："瘺之言偏也。""瘺"指半身不遂之病。

【23】《疒部》：痔，直里反。尻病。

按：《说文·疒部》："痔，后病也。"《广韵·止韵》："痔，病也。"

【24】《疒部》：疲，芳万反。咄也。骇也。恶也。

按：《方言》卷十："疲，恶也。南楚凡人残骂谓之钳，又谓之疲。"郭璞注："残犹恶也。"《集韵·没韵》："咄，呵也。"用"咄"来解释"恶"为恶骂之义，释义更加准确。

【25】《骨部》：髏〈髅〉，䫏顱顪三字同。力侯反。死人之头。

按：《说文·骨部》："髏，髑髏也。""髑"与"髏"连读成训。《新撰字镜》往往将连读成训的两字当异体字处理。《集韵·僎韵》："𩑶，《说文》：'曲角也。'或从页。""𩑶"当与"髏"字无关，属误释。玄应《一切经音义》卷一："顪，又作髏。""髑髏"一般指死人头骨，在文献中意义明确。《庄子·至乐》："庄子之楚，见空髑髅，髐然有形。"《新撰字镜》的释义明确了"髑髅"专指死人头骨。

【26】《土部》：坡陂，普何反，平。坎也。以土壅水也。道绫也。

按：《玉篇·阜部》："陂，泽障也。"

【27】《土部》：墟，之石反。积累初起也。基也。

按：《玉篇·土部》："墟，基址也。"《慧琳音义》卷八十一"田墟"引《考声》："墟即基也。"《新撰字镜》用"积累初起"进一步解释了"基"的含义。

【28】《水部》：湃〈湃〉，芳阶反。波相战皃。

按：《玉篇·水部》："湃，澎湃，水势也。"《集韵·怪韵》："湃，澎湃，水声。"

【29】《木部》：枎，附夫反。疎。未叶茂盛也。豆惠。

按：享和、群书本作"木叶茂盛皃。"天治本"未"当为"木"的讹文。《说文·木部》："枎，枎疏，四布也。"段玉裁注："枎之言扶也。古书多作扶疏，同音假借也。扶疏谓大木枝柯四布。"《集韵·虞韵》："枎，枎疏，盛也。"

【30】《禾部》：秄，自里反，上。壅苗本也。苗埋养也。

按：《说文·禾部》《玉篇·禾部》："秄，壅禾本。"徐锴系传："秄之言字也，养之也。""秄"即给禾苗根部培土。《新撰字镜》以"苗埋养"进一步解释，释义更加准确明晰。

以通俗的词语替换较难理解的词语，还有一种表现形式是用双音词替换单音词。汉语词汇发展变化的一个明显趋势，是由单音词变为双音词，因此双音词在后代口语中经常使用。《新撰字镜》用口语中常见的双音词替换了字书中的单音词，也使得释义更加通俗。

【31】《月部》：膨，薄庚反。肿胀也。

按：《广韵·庚韵》"薄庚切"："膨脝，胀皃。"《新撰字镜》用"肿胀"替代了单音词"胀"。

【32】《火部》：劳，正力高反，平。疲也。病剧也。借力到反，去。慰问也。勉也。勤也。

按：《集韵·号韵》："劳，慰也。"

【33】《心部》：懋，亡又、莫编二反。明也。勉强也。

按：《说文·心部》："懋，勉也。"

【34】《疒部》：瘗，充至反。恶心，恶腹也。

按：《玉篇·疒部》："瘗，恶也。"用双音词"恶心"替代了"恶"，明确了"恶"为恶心之义。

【35】《食部》：餕，呼带反。诸食物臭也。

按：《玉篇·食部》："餕，食臭也。"《玉篇》的解释不够明确，因为可能会理解成动宾结构。《新撰字镜》用"诸食物臭也"解释，说明是食物发臭，解释更明确。

【36】《米部》：糚，士庄反，平。粉饰也。

按：《玉篇·米部》："糚，饰也。"

【37】《竹部》：簿，甫各反。迫也。辞也。勉也。勉强也。又从草。

按：《广雅·释诂三》："薄，勉也。"《方言》卷一："薄，勉也。秦晋或曰薄。"

以上两例中，都用"勉强"替代了古代字书中的释义"勉"，更准确地解释了词义。特别是第二例中，先言"勉也"，又言"勉强也"。可能"勉也"是从古代字书中抄录，"勉强"是为了明确释义而专门加的。

【38】《糸部》：綥，巨纪反。綥也。连也。组也。塞绊也。帻也。

按：《广雅·释诂二》："綥，塞也。"

【39】《车部》：轺，于要、壹遥二反。使人车也。轺也。

按：《广韵·宵韵》："轺，使车。"

【40】《车部》：轈，锄二反，平。高车兔〈加〉巢以望敌人也。

按：《说文·车部》："轈，兵高车加巢以望敌也。"《正字通·车部》："轈，轈本字。"《新撰字镜》用"敌人"替换了"敌"。

【41】《车部》：䡗，口茎反，平。车坚牢。

按：《说文·车部》："䡗，车坚也。"

【42】《心部》：怒，正奴古文〈反〉。上。谴也。责恚甚也。借怒故反，去。

按：《说文·心部》："怒，恚也。"《广雅·释诂一》："怒，责也。"

【43】《心部》：懯，麦犿反。慧了也。

按：《方言》卷一："儇，慧也。晋谓之懯。"《广雅·释诂一》："懯，慧也。"《玉篇·了部》："了，慧也。"

【44】《女部》：嬞，上。美好皃。奱字。

按："嬞"即"奱"增加了义符"女"的异构字。《广雅·释诂一》："奱，好也。"《诗经·邶风·泉水》："奱彼诸姬。"毛传："奱，好貌。"《新撰字镜》以"美好"替代了"好"。

（三）对义项进一步解释

古代字书的释义，有时较为简单抽象。《新撰字镜》会对这些简单含混的释义进行进一步解释，以使释义更加容易理解。

【1】《日部》：晛：那见反。日见，晖也。

按：《说文·日部》："晛，日见也。"段玉裁注："毛诗：'见晛曰消。'毛云：'晛，日气也。'"此处"晛"当指日晕。《新撰字镜·日部》："晖晕，二字同。"《说文新附·日部》："晕，日月气也。从日，军声。"钮树玉新附考："晕即晖之异体。""晛"下释义作"晖也"，当是进一步解释"日见"的含义。

【2】《日部》：暑，氾洧反。日影也。日光显于水陆也。

按：享和本作"日影也"，天治本当据改。《说文·日部》："暑，日景也。""日光显于水陆也"是对"日影"的进一步解释。

【3】《火部》：煣，而九反。以火蒸木使曲，曲木令直也。

按：《玉篇·火部》："煣，而九切。以火屈木曲。"《名义·火部》："煣，而九反。屈申木。"《新撰字镜》的释义，将"煣"的意义解释得更加全面、准确。

【4】《鼻部》：𪖨，虎杯反。猪之鼻利之皃。猪用鼻力也。

按：《玉篇·鼻部》："𪖨，音兀，仰鼻。"《广韵·灰韵》："㧌，豕掘地也。"'𪖨，上同。"《新撰字镜》的释义与《玉篇》《广韵》释义相关，但角度不同，可以看作增加了新的义项。

【5】《页部》：顝，丘之反，平。方相氏之首，葬车前行也。

按：《集韵·之韵》："顝，《说文》：'丑也，今逐疫有顝头。'顝头，方相也。或作䫌。"《新撰字镜》释义误解了字书意思，"顝头"为一词，误解为偏正结构，故以"方相氏之首"解释。但方相确为在葬车行进时走在葬车之前开道的。《周礼·夏官·方相氏》："方相氏掌蒙熊皮，黄金四目，玄衣朱裳，执戈扬盾，帅百隶而时难，以索室殴疫。大丧，先匶；及墓，入圹，以戈击四隅，殴方良。""葬车前行也"为《新撰字镜》新增的义项。

【6】《竹部》：笇，于莽反。元无色也。不鲜皃。

按：《集韵·荡韵》："笇，竹无色。"底本"元"字当为"竹"讹。《新撰字镜》释义"不鲜皃"不见于字书及训诂材料，应该是"竹无色"的原因，指的是竹子因为不新鲜而失去光泽。

【7】《酉部》：醝，古诣反，去。醎也。酱也。酒正也。

按：《广雅·释器》："醝，酱也。"《玉篇·酉部》："酒有五醝之名，见《周礼》。"《周礼》作"五齐"，是指酒的五种档次。古代文献中又以"醝酒"指滋味醇美的酒。《旧唐书·音乐志三》："琼羞溢俎，玉醝浮觞。"《乐府诗集·卷十二·郊庙歌辞·梁太庙乐舞辞·开平舞》："黍稷馨，醝醴清。牲牷洁，金石铿。"可见"醝"在文献中有"酒正"之义，正与《新撰字镜》释义相合。

（四）揭示隐含信息

字书在释义的过程中，有些隐含在词义中的信息往往没有揭示出来。如动词中动作行为的主体、结果，形容词中状态的主体等。还有些信息属于词义相关的背景信息或文化信息。《新撰字镜》的释义有的则揭示了这些隐含的信息，对我们深入理解词义有一定的帮助。

【1】《肉部》：肊，于力反。颈之下也。胷也。

按：《说文·肉部》："肊，胸骨也。"《广雅·释亲》："肊，匈也。"《新撰字镜》特别描述了"肊"的位置。

【2】《肉部》：朜，余声反。鲁大夫戯伯名也。

按：《玉篇·肉部》："朜，鲁大夫名。"《龙龛手鉴·肉部》："朜，音盈。人名。"

【3】《灬部》：熬，伍高反。前〈煎〉鱼宍菜等。煎也。干也。

按：《玉篇·火部》："熬，五高切。煎也。"《新撰字镜》的释义揭示出了"煎"的对象为"鱼宍菜等"。

【4】《人部》：伋，居立反。名也。思名子。

按："思名子"当作"子思名"。《说文·人部》："伋，人名。"段玉裁注："古人名字相应，孔伋字子思。"

【5】《目部》：瞁，式亦反，入。暂窥，疾视不定也。

按：《说文·目部》《玉篇·目部》："瞁，目疾视也。"《新撰字镜》释义作"疾视不定"，揭示了目光不断转换游移的语义。

【6】《页部》：頦，古亥反，上。頰頦也。颜丑也。

按：《说文·页部》《集韵·海韵》："頦，丑也。"《新撰字镜》释义作"颜丑"，点明了"丑"的主体，释义更加准确。

【7】《口部》：嗹，落贤反。喽也。言语烦挐皃。

按："嗹"当与"喽"连读成训。《玉篇·口部》："嗹，嗹喽，多言也。""多言"不一定是"言语烦挐"之义。王念孙《广雅疏证·释训》"嘲哰，譠謱也"条："《玉篇》：'嗹喽。多言也。'謱，繁挐也。"可见"嗹喽"确为"言语烦挐"之义。

【8】《言部》：诵，似用反，去。言也。视文曰读，背文曰诵。

按："诵"在古代典籍中有"背诵"之义。《后汉书·荀悦传》："所见篇牍，一览多能诵记。"杜甫《可叹》："群书万卷常暗诵，《孝经》一通看在手。"汉文字书不言"诵"有"背诵"之义。《慧琳音义》卷二十七"讽诵"："上风凤反。咏读为讽也。背文曰诵也。"《新撰字镜》"视文曰读，背文曰诵"，应是抄自散佚的材料，与传统字书的释义角度不同。

【9】《火部》：燲，抚照反，平。土地轻脆。去也。

按：《集韵·宵韵》："燲，轻脆也。""燲"的"轻脆"义，实际上是指土地缺乏韧性。《周礼·地官·草人》："凡粪种，骍刚用牛，赤缇用羊，坟壤用麋，渴泽用鹿，咸潟用貆，勃壤用狐，埴垆用豕，强㯺用蕡，轻燲用犬。"《皇朝经世文编》卷三十六《户政十一·说粪》："凡田有厚薄。土有肥硗。皆缘粪气为美恶。粪以柔之无疆㯺。粪以壅之无轻燲。"可见，《新撰字镜》的释义明显比后世字书的解释更加准确。

【10】《疒部》：痍，以脂反。手伤也。瘦也。谓金刀斧伤者也。

按：《说文·疒部》："痍，伤也。"《释名·释疾病》："痍，侈也，侈开皮肤为创也。"唐杜佑《通典·选举》："凡学士不得有金痍、痼疾，督书其版，举主保之。"陆游《陆氏南唐书·三徐三王二朱胡申屠乔睦列传第五》："茂忠还朝，病金痍卒。"唐宋文献中有以"痍"专指刀枪之伤的。

【11】《食部》：餲，猗曀反。湿臭。

按：《广雅·释器》："餲，臭也。"王念孙《广雅疏证》："《广雅》'餲，餲臭也。'《论语》：'食饐而餲。''餲'与'餲'同。"《宋本玉篇·食部》："餲，餲湿也。"《说文·食部》："饐，饭伤湿也。"说明"餲"的意思是食物因受潮而腐臭。《广雅》和《玉篇》的解释都不全面，《新撰字镜》将二者释义结合起来，准确解释了"餲"的词义。

【12】《食部》：餒，奴罪反，上。于食之少曰餒也。餒饿也。饥也。

按：《广雅·释诂四》："餒，饥也。"

【13】《酉部》：醶，力将反。以水和酒也。杂味也。酱也。

按：《说文·酉部》："醶，杂味也。"段玉裁注："许作醶，即《周官》《内则》之凉字也。襍味者，即以诸和水说也。"

【14】《女部》：妋，余念反，去。媚也。忧恨也。

按：《广韵·尤韵》"于求切"："妋，鼻目间恨。"根据"于求切"的读音，"妋"应与"忧"有语源关系。"恨"应为遗憾之义，《新撰字镜》释为"忧恨"，明确了"妋"的意义。《汉语大字典》（第二版）将"妋"解释为"脸上有恨意"，应是误解了字书中"恨"的含义。

【15】《斗部》：斛，胡谷反。十斗器也。

按：《说文·斗部》："斛，十斗也。"《玉篇·斗部》："十斗曰斛。"《慧琳音义》卷八十七"一斛"条引《说文》："量器也。从角斗声。""斛"既有"量器"的意思，又有计量单位"十斗"的意思。《慧琳音义》引《说文》作"量器"，今本《说文》不存。《新撰字镜》作"十斗器"，解释为"容器"义，又明确了其容量。

【16】《糸部》：緘，古咸反。悭悷也。又闭口不言也。

按：《说文·欠部》《广韵·咸韵》："緘，闭口也。"《新撰字镜》释义"闭口不言"，揭示出了"闭口"的目的是不说话。

【17】《糸部》：緆，屈音。翟衣也。山鸟羽餝衣。皇后服也。

按：《残卷·糸部》引《埤苍》："緆，狄衣也。"野王案，王后文服也。今《礼》家并为"阙"字。《玉篇·糸部》："緆，緆狄，衣也。亦作阙。"《集韵·月韵》："緆，緆狄，后夫人之服。或作屈。"《广韵·物韵》："緆，翟衣。"《新撰字镜》的解释，不仅比《广韵》更早地将“緆”解释为“翟衣”，而且很详细地描述了其形制、用途等。

【18】《羊部》：羌，去英反。西方民，自羊种出，故从羊。

按：《说文·羊部》：“羌，西戎牧羊人也。从人，从羊，羊亦声。南方蛮闽从虫，北方狄从犬，东方貉从豸，西方羌从羊，此六种也。西南僰人、僬侥从人，盖在坤地，颇有顺理之性。唯东夷从大，大，人也。夷俗仁，仁者寿，有君子不死之国。孔子曰：‘道不行，欲之九夷，乘桴浮于海，有以也。’”《新撰字镜》的释义，着重解释了“羌”字从“羊”的原因，这在古代字书中并未看到。

【19】《马部》：駬，女□反。出马疾。

按：《玉篇·马部》：“駬，騄駬。”《广韵·止韵》：“駬，騄駬，周穆王马名。”《韩非子·难势》：“是犹乘骥駬而分驰也。”王先慎集解：“骥、駬并千里马。”《新撰字镜》“出马疾”当为“马疾出”的倒文，是马行疾速之义，是对“騄駬”特性的进一步解释。

【20】《耳部》：聵聩，同。古文顡聩。牛快反，上。生聋曰聵，一云聋。

按：《说文·耳部》《广韵·怪韵》：“聵，聋也。”徐锴《说文解字系传》“聵”下：“聵，谓从生即聋也。”《新撰字镜》指出了“聵”的意思是天生失聪。

【21】《竹部》：笐，胡朗反，平。乐器竹为。

按：《玉篇·竹部》：“笐，似琴，有弦。”《集韵·唐韵》：“笐，乐器，有弦。”古代字书从“笐”的形制特点加以解释，而《新撰字镜》则说明了其制作材料。

二、释义的辗转相释

《新撰字镜》在一小部分词的释义时，有一种比较独特的现象：汉文古字书中，往往会出现同训、递训、互训的现象；《新撰字镜》在解释一个词的意义时，有时会系连与之相关的一系列释义，汇集到该字头的释义下，或者选择一个辗转相释的义项。这样做的目的，往往是为了使释义用词更加符合当时的语言实际，便于理解。

出现辗转相释的原因，可能在于《新撰字镜》抄录的字书的释义过于简略，因此作者不得不寻找对释义的进一步解释。如《切韵》是一部韵书，其释义部分往往比较简略，甚至无法准确理解词义，《新撰字镜》在引用《切韵》部分的释义时，比较多地加入了其他字书的释义。而引用原本《玉篇》的部分，则很少再引用其他字书。

【1】《日部》：时，市之、之喜二反。四时也。是也。此也。

按：《广韵·之韵》："时，是也。"朱骏声《说文通训定声》："时，假借为是。"《广雅·释言》："是，此也。""此也"应是对"是也"的进一步解释，说明"时"通"是"时，取的是"此"的义项。

【2】《人部》：倂，力寅反，上。双生子。

按：《广雅·释诂三》："倂，孪也。"《玉篇·人部》引《文字音义》："江东人谓畜双产曰倂。"《方言》卷二："凡人兽乳而双产，秦晋之间谓之倂子。"《新撰字镜》用"生"替换了"产"。

【3】《女部》：嬻，亶，上古文，今作黩。徒木反。相狎习谓之媟嬻。

按：《说文·辵部》："亶，媟亶也。"徐锴系传："亶，不以礼自近也。"段玉裁注："今经典作渎。"《说文·黑部》："黩，握持垢也。从黑，卖声。《易》曰：'再三黩。'"《易·蒙卦》作"渎"。郑玄注："亵也。"丁寿昌《读易会通》："渎作黩者，孟氏古文。作渎者，假借字。"《新撰字镜》进一步解释了"媟嬻"的含义，释义准确。

【4】《目部》：瞯，古文作𥊬。胡间反。戴眼也。目病。

按：《说文·目部》："瞯，戴目也。"《新撰字镜》的释义用"眼"替换了"目"。汪维辉认为，"眼"开始出现在战国文献中，六朝后期在文献语言中已经完成了对"目"的替换。[1]但在汉文字书中，还常常用"目"不用"眼"。《广韵·山韵》："瞯，人目多白。"《广雅·释畜》："一目白，瞯。"陆德明《经典释文》引《苍颉篇》："瞯，目病也。"

【5】《口部》：嗉，苏故反。鸟嗉也。鸟受食也。咽也。

按：此条释义应抄自《切韵》。《广韵·暮韵》"桑故切"："嗉，鸟嗉。"《玉篇·口部》："嗉，思故切。《尔雅》云：'亢，鸟咙。其粻嗉。嗉者，受食之处。'""鸟嗉"这一解释过于笼统，因此《新撰字镜》又以"鸟受食也""咽也"进一步解释。

【6】《足部》：跂，扶谓反。刖也。断足也。

按：《说文·足部》："跂，跀也。"《玉篇·足部》："跂，刖足也。《书》曰：'跂辟疑赦，其罚倍差。'亦作剕。"《说文·足部》："跀，断足也。"

---

[1] 汪维辉：《汉语核心词的历史与现状研究》，商务印书馆，2018年，第123页。

【7】《肉部》：脮，乃罪反。肉烂也。息也。败也。

按：《龙龛手镜》："与朘同，鱼败也。"《集韵·贿韵》："鳆，鱼败也。或作鳆、脮。""脮"的意思是鱼肉腐败，底本释义用"烂"替代了"败"。汉文典籍中，"烂"很早就能表示"食物腐败"的意思。《公羊传·僖公十九年》："其自亡奈何，鱼烂而亡也。"《淮南子·说山》："烂灰生蝇。"高诱注："烂，腐。"《说文·肉部》："腐，烂也。"《广雅·释诂三》："鳆，败也。"《集韵·贿韵》："鳆，鱼败也。"《论语·乡党》："鱼馁而肉败。"朱熹集注："肉腐曰败。""鳆""脮""腐""败""烂"诸词在释义时存在递训的关系。《新撰字镜》可能是选择了当时常见的词来解释"烂"的含义，并且把该字在字书中故有的释义"败"一起列出。

【8】《页部》：顃，而廉反，平。颊毛也。

按：《集韵·盐韵》："顃，《说文》：'颊须也。'或从髟，亦作髯。"《汉书·霍光传》："美须顃。"颜师古注："顃，颊毛也。"《说文·须部》："须，面毛也。"《说文·毛部》："毛，眉发之属及兽毛也。"表示"胡须"义时，"须"是专有词汇，而"毛"是一般词汇。用一般词汇作为释义词，更易于理解。

【9】《口部》：哮，丑交反。呶，謹也。哗也。

按：《说文·口部》："哮，哮呶，謹也。"《说文·言部》："謹，哗也。"《汉书·孝成许皇后传》："以息枭謹。"颜师古注："謹，哗，衆议也。"释义增加了"哗也"，进一步解释了"謹也"的意义。

【10】《田部》：当，借丁浪反，去。主典也。

按：《玉篇·田部》："当，主当也。"《文选·扬雄〈甘泉赋〉》："诏招摇与太阴兮，伏钩陈使当兵。"李善注："郑玄《礼记》注曰：'当，主也。'主谓典领也。"《广雅·释诂三》："典，主也。"《广韵·铣韵》："典，主也。"《玄应音义》卷十四"典领"注引孔安国曰："典，主之也。""当""典"都有"主领""统领"的意义，只是"当"的这个意义在词汇发展中逐渐废弃，《新撰字镜》又用"典"来明确释义。

【11】《口部》：啾，所劣反。鸟理毛。

按：《玉篇·口部》："鸟治毛衣也。"《广韵·之韵》："治，理也。"用"理"替换了"治"，这种替换也体现在后世的字书中，《字汇·口部》："啾，鸟理毛也。"

【12】《耳部》：䎶，祉见反。塞耳也。亦瑱字。

按：《玉篇·耳部》："䎶，充耳也。亦作瑱。"《说文·玉部》："瑱，以玉充耳也。……䎶，瑱或从耳。"《广韵·东韵》："充，塞也。"用"塞"替换了"充"。

【13】《耳部》：毦，人志反，去。朔衣之毛也。氅也。

按：《集韵·志韵》："毦，绩羽为衣。"《说文新附》："氅，析鸟羽为旗纛之属。从毛，敞声。"郑珍《新附考》："《篇》《韵》并云：'氅，鹙毛。其字不见汉、魏人书，唯《世说》始有"鹤氅裘"，是六朝名称。'古字书未见将"毦""氅"联系在一起的。《新撰字镜》以"氅"释"毦"，在古字书的基础上增加了一个释义。

【14】《足部》：足，一曰脚别名也。

按：《说文·足部》："足，人之足也，在下。"《说文·肉部》："脚，胫也。"《急就篇》卷三："股脚膝膑胫为柱。"颜师古注："脚，足也。"《尔雅·释言》："趾，足也。"郭璞注："足，脚。"传统字书"足""脚"一般不互训，在传注类训诂材料中偶可见到。《新撰字镜》选择用"脚"释"足"，说明这一时期词汇发展变化，"脚"和"足"的意义已经趋于一致。

【15】《足部》：蹎，又作顚、趈二形。丁贤反。偵倒也。

按：《说文·足部》："蹎，跋也。"王筠《句读》："《玉篇》作'蹎跋也'。蹎跋即颠沛，双声成语；然亦独字成义。"《广韵·先韵》："蹎，蹎仆。"《荀子·正论》："蹎跌碎折，不待顷矣。"杨倞注："蹎与颠同，踬也。"《玉篇·人部》："仆，倾倒皃。"《慧琳音义》卷四十一"偃仆"注："仆，前倒也。"古代字书、训诂材料均未用"倒"训释"蹎"，但字书中以"仆"释"蹎"，又以"倒"释"仆"。《新撰字镜》则以"倒"释"蹎"，盖因"倒"在当时最易于理解。

【16】《女部》：姒妣，二同。卑履反。死母。

按：《说文·女部》："妣，殁母也。"《玉篇·歹部》："殁，死也。"《新撰字镜》用"死"替代了"殁"。

【17】《皮部》：皷，徒木反。韇也。所以藏弓也。

按：《玉篇·皮部》："皷，所以贮弓。或作韇。"《玉篇·贝部》："贮，藏也。"《新撰字镜》用"藏"替换了"贮"。

【18】《疒部》：瘇，虚柳反。癰欲溃。痤。

按：《玉篇·疒部》："瘇，肿欲溃。"《篇海类编·人事类·疒部》："癰，与痈同。"《说文·肉部》："肿，痈也。"《说文·疒部》："痈，肿也。""痈""肿"在《说文》中互训，均有"肿疡"之义。后来"肿"多指肿胀，"痈"则专指肿疡。

【19】《言部》：諴，火憾反。夸也。诈人也。

按：《说文·言部》："諴，诞也。"徐锴《系传》："诞，大言也。"《说文·言部》："诈，欺也。"《吕氏春秋·应言》："宜阳令许绾诞魏王。"高诱注："诞，诈也。"

【20】《糸部》：縿，姊入反。杂合也。夷财名。

按：《玉篇·糸部》："縿，蛮夷货名。"《说文·贝部》："货，财也。"《玉篇·贝部》："货，金玉曰货。"这里用作货币名称。《广雅·释诂四》："财，货也。"《新撰字镜》中表示货币名称的词，用"财"替换了"货"。

【21】《糸部》：繣，呼麦（反）。徽也。乖违也。

按：《玉篇·糸部》："繣，乖戾也。"《汉书·张耳陈余传赞》："何乡者慕用之诚，后相背之盭也。"颜师古注："盭，古戾字。戾，违也。"《新撰字镜》改"乖戾"为"乖违"，明确了"违背"的意思。《史记·天官书》："三能色齐，君臣和；不齐，爲乖戾。"《后汉书·范升传》："各有所执，乖戾分争。""乖戾"本义指"抵触""不一致"，后称别扭、不合情理为性情乖戾。《元史·王闰传》："父性复乖戾，闰左右承顺，甚得欢心，乡里称焉。""乖违"很早就有"违背""背离"的意思。王充《论衡·明雩》："乖违礼意，行之如何？"由于"乖戾"词义的变化，后世用"乖违"来表示"违背""背离"的意思。

【22】《食部》：餱，胡沟反，平。干饭也。食也。

按：《宋本玉篇·食部》："餱，干食也。"《玉篇·食部》："食，饭食。"《新撰字镜》用"饭"替代了"食"。

【23】《网部》：羃，无主反，上。窗中网。

按：《说文·网部》《玉篇·网部》："羃，牖中网也。"《慧琳音义》卷三十五"户牖"注引《广雅》："牖，窗也。"《新撰字镜》用"窗"替代了"牖"。

【24】《石部》：磰，徒答反，舂了更舂。

按：《说文·石部》："舂已复擣之曰磰。"《玉篇·石部》："磰，再舂也。"《玉篇·了部》："了，讫也。"《玉篇·言部》："讫，毕也。"《战国策·齐策四》："然嫁过毕矣。"鲍彪注："毕，犹已。"古代训诂材料中"了""毕""讫""已"可以互训。《玉篇·支部》："更，复也。"《新撰字镜》用"更"替代了"复"。

【25】《玉部》：琖琖，二同。则间反。玉杯也。

按：《说文新附·玉部》："琖，玉爵也。"《文选·曹植〈箜篌引〉》："乐饮过三爵。"李周翰注："爵，酒杯也。"

【26】《玉部》：璺，□奋反。裂也。破未别也。斯丸也。

按：《慧琳音义》卷六十"璺裂"条引《考声》："璺，器物破裂而不相离也。"《文选·屈原〈离骚〉》："何离心之可同兮。"吕向注："离，别也。"《新撰字镜》以"别"替换了"离"。

【27】《犭部》：㺎，余封反。似牛，颈有肉。又貐字。

按：《玉篇·犬部》："㺎，猛兽也。或作貐。"《广韵·锺韵》："㺎，兽。似牛，领有肉也。貐，同㺎。"《文选·司马相如〈上林赋〉》："其兽则㺎旄貘牦。"李善注引郭璞曰："㺎似牛，领有肉堆。"《说文·页部》："领，项也。"《广韵·讲韵》："项，颈项。"汉文字书都做"领有肉"，《新撰字镜》的释义经过字书释义的相递辗转，选择了最为通俗易懂的"颈"来替代字书中的"领"。

【28】《豕部》：豣，山甲反。老母猪。

按：《玉篇·豕部》："豣，老母豕。"《广韵·纸韵》："豕，猪也。"

三、词汇的假借分化

《新撰字镜》有些释义的用字和汉文字书用字不尽相同，其中一些体现出了字的假借，而有些则揭示出词的分化现象。

【1】《日部》：晷，汜洧反。目影也。日光显于水陆也。日晷也。

按：享和本"目影"作"日影"，天治本当据改。《说文·日部》："晷，日景也。"《广雅·释天》："晷，柱景也。""景""影"为古今字关系，古代字书多用"景"，《新撰字镜》改用后出分化字"影"。

【2】《月部》：胜，借书证反，去。尅也。加也。制敌也。

按：《广韵·证韵》"詩證切"："胜，胜负。又加也，克也。亦州名。"《玉篇·寸部》:"尅,胜也。"《诗·大雅·常武》:"不测不克。"马瑞辰传笺通释:"克,通作尅。""尅"当为"克"在"战胜"意义上的分化字。

【3】《月部》:朣,徒登反。移书朣上。

按:《广韵·登韵》"徒登切":"朣,移书朣上。"朱骏声《说文通训定声》:"朣,假借为腾。"《新撰字镜》释义作"腾",即反映"朣"假借作"腾"。

【4】《肉部》:膻,徒宣反。肉袒也。

按:《说文·肉部》《玉篇·肉部》:"膻,肉膻也。"段玉裁注:"膻,多作襢,作袒,非正字。膻其正字。"《说文·衣部》:"袒,衣缝解也。"《广韵·旱韵》:"袒,袒裼。""袒"的本义是"衣缝解",后借为"膻"字,"袒"逐渐在文献中代替了"膻"字。《新撰字镜》释义作"肉袒",正是反映了"袒"对"膻"的替换。

【5】《人部》:倩,正音此见反,去。美口辅也。借音此蔺反,去。谓聟爲倩。言可借假也。求也。

按:《广雅·释亲》:"壻谓之倩。"《史记·扁鹊仓公列传》:"黄氏诸倩。"裴骃集解引徐广曰:"倩者,女婿也。"《方言》卷三:"东齐之间聟谓之倩。"钱绎笺疏:"聟,乃俗壻字。"

【6】《手部》:挛,苦田反。引也。豕也。挛攘也。

按:"挛"当是"豜"的通假字。《玉篇·豕部》:"豜,音牵,豕也。"《左传·僖公三十三年》:"唯是脯资饩牵竭矣。"杜预注:"牵,谓牛羊豕。"陆德明《经典释文》:"牲生曰牵。"

【7】《口部》:咪〈味〉,止俞反。诅也。喙也。又囍朱,多言皃。

按:"咪"当为"味"字之讹。《说文·口部》:"咮,鸟口也。""喙"替换了"口",反映出"喙"和"口"在词义上的区别。《说文·口部》:"喙,口也。"在早期文献中,"喙"并不特指鸟兽之口。《庄子·秋水》:"今吾无所开吾喙,敢问其方。"其后"口"与"喙"的功能逐渐区分,"喙"一般多用于指鸟兽之口。朱骏声《说文通训定声》:"兽虫之口曰喙。"《新撰字镜》用"喙"替代了"口",说明唐代"口"与"喙"的功能已经区分。

【8】《巾部》:幎,并方反,平。车帘也。

《巾部》:幌,古良反,上。窗帘也。

按：《广雅·释器》："幌，嫌也。"《玉篇·巾部》："幌，帷幔也。"《说文·竹部》："帘，堂帘也。"《玉篇·竹部》："帘，编竹帷也。"《说文·巾部》："嫌，帷也。"徐锴系传："嫌，今俗作帘。"段玉裁注："按：与竹部'帘'异物。嫌，以布为之。""帘""嫌"浑言则同，徐锴已经指出。《新撰字镜》中以"帘"替"嫌"，正是字书中的用例。

【9】《言部》：誾，古作訔。鱼巾反，平。和悦争。在言部。

按：《说文·言部》："誾，和说而诤也。"段玉裁注："誾誾为中正者，谓和悦而诤，柔刚得中也。"《慧琳音义》卷五十五"狺狺鬪诤"注引《考声》云："诤，争言也。"《说文·喜部》："憙，说也。"段玉裁注："说者，今之悦字。""悦"替换"说"、"争"替换"诤"是今字替换了古字。

【10】《马部》：驈，余律反，入。黑马白髀也。

按：《说文·马部》："驈，骊马白胯也。"《尔雅·释畜》："骊马白跨，驈。"《说文·马部》："骊，马深黑色。"《说文·骨部》："髀，股也。"《说文·肉部》："胯，股也。"《新撰字镜》以"黑马"替换字书"骊马"，反映出词汇由综合向分析过渡，专有名词逐渐消失的变化趋势。以"髀"替换"股"，似为近义词的替换。

【11】《木部》：极，其辄反。驴上负板也。

按：《广韵·叶韵》："极，驴上负版。"《玉篇·木部》："板，片木也。与版同。"《慧琳音义》卷十五"板楟"注引《考声》云："板，平阔木也。"段玉裁《说文解字注》注："版，片也。"注："旧作判也。浅人所改。今正。……今字作板。"《新撰字镜》用今字"板"替换了古字"版"。

【12】《鸟部》：鴆，乌谏反。雀也。女鸟。

按：《楚辞·九思·疾世》："鴆雀列兮哗謹。"旧注："鴆雀，小鸟。"《国语·晋语八》："平公射鴆。"韦昭注："鴆，鳸，小鸟。""女"在古代文献中可以表示"小"的意思。《说文·土部》："堞，城上女垣也。"段玉裁注："女之言小也。""鴆"并不特指母鸟，因此《新撰字镜》"女鸟"当为"小鸟"之义，亦可证明"女"分化出"小"的意思。

四、对佛经、梵语词的解释

《新撰字镜》中没有对佛经、梵语词加以特别的解释。但是，因为其抄录了佛经音义，又以帮助读经为编纂目的，因此其中也涉及一些佛教词和梵语词。《新撰字镜》对这些词的解释比较详尽，有些与传世字书的解释不同。

【1】《人部》：偹，此宜倄字。迦偹也。世参反。

按：《玉篇·人部》：“偹，则前切。又音薊。”《玄应音义》卷四"迦偹"条：“此应备字。”《佛说灌顶经》卷一：“神名迦偹尼摩诃迦偹尼。”"偹"盖为梵语译音字，专用于"迦偹"。

【2】《人部》：佛，正芬末反，入。去。仿佛也。或爲髴字。借扶勿反。释种也。违戾之佛为咈字。人也。骨也。耳也。王也。

按：以"释种"释"佛"，汉文典籍中未见。《辞源》未收"释种"条。《汉语大词典》"释种"条：“佛教创始者释迦牟尼是古印度释迦族人，简称为'释种'。后亦泛指佛教信徒。虞世南《破邪论序》：'既学博而心下，亦守卑而调高，实释种之梁栋，人生之羽仪者也。'刘禹锡《送僧元嵒南游》诗引：'万姓归佛，尽为释种，如河入海，无复水名。'”丁福保《佛学大辞典》"释种"条：“释迦之种族也。释迦种在印度为贵族，古来尊重，后世转而谓佛弟子。”

据上可知，"释种"本指释迦牟尼，后指佛及佛的弟子，后来泛指佛教信众。《汉语大词典》及《佛学大辞典》释义不误。《新撰字镜》释义为"释种"词义提供了可靠依据。

【3】《口部》：嗒，徒合反。相对谈也。疾言。

按：《玉篇·口部》：“嗒，噂嗒。或作啑。”"噂嗒"是言语纷杂的样子。《新撰字镜》释为"疾言"，解释了"噂嗒"的含义，释义更加明晓。

【4】《口部》：嚫，以财施僧尼也。

按：《玉篇·口部》：“嚫，嚫施也。”"嚫"是梵语"达嚫"的省称，指施舍财物给僧尼。《梁高僧传》：“昔庐山惠远尝以一袈裟遗（法）进，进即以为嚫。”但汉文古字书一直没有《新撰字镜》这样准确的解释。

【5】《口部》：咃，徒阿、徒陁二反。口参差皃。

按：《玉篇·口部》："咃，吐多切。出陀罗尼。"汉文字书以"咃"为梵语音译字，无意义。《新撰字镜》记载"咃"有"嘴不正"之义。《佛说观佛三昧海经·观佛心品第四》："唇咃面皱，语言蹇吃。"正与《新撰字镜》释义相合。

【6】《口部》：呗，薄迈反，去。败音。无此字也。呗噎，犹是佛歌叹之名。

按：《广韵·夬韵》："呗，梵音。"此字为梵文佛经用字，指的是赞颂佛法的短偈。汉文字书解释非常含混，而底本释义清晰准确。

【7】《口部》：嗷，浦阿反。语也。谈也。

按：汉文字书多以"嗷"为梵语音译字，无实际意义。《字汇补·口部》："嗷，呪语。"《可洪音义》"嗷帝"："上音婆，入声。呼。"可与《新撰字镜》解释相印证。

【8】《刂部》：刹，初辖反。为土也。佛図内长表也。

按：《玉篇·刀部》："刹，刹柱也。"《慧琳音义》卷二十七"长表金刹"："西域夘者或遗禽兽，收骨烧之有埋地下，于上立表。累甎石等似窣堵波，但形卑小。今此长表即是金刹，非彼表也。""刹"即指佛塔内的幡柱。

【9】《广部》：麽，莫波反，平。尼也。

按：《集韵·戈韵》："麽，女美称。"《慧琳音义》卷七十七"麽尼"："上音摩，梵语也。"汉文古字书中未见以"尼"释"麽"，但保留在佛经音义著作中。"麽"为梵语音义词。

【10】《心部》：愸，之郎反。梵云，正也，齐也。

按：《龙龛手镜·心部》："愸，俗。正作整。""愸"表示"齐整"，是"整"的异体字，只用在佛经文献中。《新撰字镜》用"梵云"点明了这一点。

【11】《戈部》：戒戒，二形同。下界反。备也。惊也。慎也。梵云，三婆罗即禁戒，又禁义也。

按：《慧琳音义》卷五十九"说戒"："古薤反。戒亦律之别义也。梵言三婆罗，此译云禁戒者，亦禁义也。"《新撰字镜》将《慧琳音义》"梵言三婆罗，此译云禁戒者，亦禁义也"的释义加以明确，指出"三婆罗即禁戒"。

【12】《连字》：鞬陟，太子马名。梵云建他歌，译云纳。

按：《慧琳音义》卷六十"揵陟"："六度集作鞬德，正言建他歌。此译云纳也。鞬居言反。"《佛学大辞典》"释迦牟尼":"（释迦牟尼）名呼悉多太子。……观生老病死之相，有遁世之志。遂乘月夜令侍者车匿为伴。跨白马犍陟出家。""犍陟"即为释迦牟尼所骑白马。《新撰字镜》释义"太子马名"，亦有依据。

五、连读成训与省书符号的关系

连读成训是指字头的字，如果在训释中重复出现，则会被省去，释义中的字要与字头连读才能表示完整的训释。

张涌泉先生《〈说文〉"连篆读"》一文，讨论了《说文》"连篆读"文例研究的历程，对各家的论述有详细的评述，并提出了自己的意见："（连篆读）可能是古抄本字头在注解中重出时用省书符号，传抄者抄脱或省略了省书符号。"文中提出了"连篆读"产生发展的两个阶段：第一，字头在注解中重出用省书符号是古代抄本的通例；第二，由字头在注文中重出用省书符号的方法演变，敦煌写本中又有一种被注字和注字连读成训的体例。而第二阶段即为第一阶段所用的方法省略而来的。[1]

《新撰字镜》中两阶段的现象兼而有之，并表现出一些新的特点，为我们进一步认识由省书符号省略而造成的连读成训现象，提供了更加丰富的材料。

（一）有省书符号

《新撰字镜》的省书符号表现出一种非常独特的特征：重出符号全部抄在了文末，而不在其本该重出的位置。

【1】《肉部》：胼，敷妍反，平。𧝝下也。腹也。皮上坚也。胝。々[2]

按："胼"与"胝"当连读成训。《广韵·先韵》："胼，胼胝，皮上坚也。"

【2】《人部》：傝，他绀反。儑也。又吐盍反，入。不自安也。々

按："傝"当与"儑"连读成训。《广韵·勘韵》"他绀切"："傝，傝儑，不自安。"

【3】《足部》：蹒，薄官反，平。踰墙也。跚，伏行皃。々

按："蹒"当与"跚"连读成训。《玉篇·足部》："蹒，蹒跚，旋行皃。"

---

[1] 张涌泉：《〈说文〉"连篆读"》，《文史》，2002年第3期，第249-250页。
[2]《新撰字镜》中的省书符号作"⺀""丿"等形。本书为排印方便，一律以"々"替代。

【4】《火部》：獠獠，二同。力照反。炙也。夕

按：《广韵·小韵》："獠，獠炙也。"

【5】《肉部》：臐，乎云反。臛也。膮。夕

按：《仪礼·公食大夫礼》："腳以东臐膮牛炙。"郑玄注："腳、臐、膮，今时臛也。牛曰腳，羊曰臐，豕曰膮。"省书符号即应代表"臐"，表示与"臐膮"作"臛"义。

至于为什么《新撰字镜》中的省书符号表现出这样一种独特的特征，我们现在还没有办法确认。我们猜想，本来省书符号出现的位置是字头在释义中重出的位置，但因为《新撰字镜》释义的来源非常广泛驳杂，不同来源的释义交杂在一起，其后的抄写者并不能准确地理解省书符号所代表的字，因此很快会将省书符号抄乱。为了从形式上解决这一问题，就改将省书符号统一抄于文末。省书符号抄于文末，实际上就完全失去了其功能，因此很容易会被删去。《新撰字镜》第一卷的省书符号较多，其后的卷册就很少出现省书符号了，这个现象或许也能从侧面说明这一问题。

（二）无省书符号

无省书符号的连读成训现象，在《新撰字镜》中占绝大多数。我们在这里略举几例说明：

【1】《糸部》：紃，于辄反。繏，缝袒。

按："紃"与"繏"当连读成训。《广雅·释诂二》："紃繏，缝也。"

【2】《毛部》：毣，甫赖反。毳，多毛。

按："毣"当与"毳"连读成训。《广韵·泰韵》："毣，毣毳，多毛。"

【3】《马部》：騞騾，同作。息逐反，入。騾也。

"騞"与"騾"当连读成训。《玉篇·马部》："騞，騞騾，古之良马。"

【4】《疒部》：瘰，闾激反。瘰。

按："瘰"与"瘰"当连读成训。《广韵·果韵》："瘰，瘰瘰，病筋结也。"

【5】《言部》：譚，胡报反。讀，相欺也。

按："譚"与"讀"当连读成训。《残卷·言部》引《声类》："譚，譚讀，相

欺也。"

【6】《雨部》：霏，正呼郭反。飞声也。小雀也。借浽彼反，上。露垂皃也。靡也。

按："霏"与"靡"当连读成训。《广韵·纸韵》"息委切"："霏，霏靡，草木弱皃。"

《新撰字镜》省书符号的使用情况，在其他抄本、字书中较为罕见，这对我们理解汉文字书中的"连篆读"现象，亦有一定的借鉴意义。"连篆读"现象确实与省书符号的省略有密切的关系。

第五章 注音研究

《新撰字镜》的注音方式，主要有反切和直音两种形式，其中以反切注音为主。直音和反切的来源问题，一直是日本学者研究的一个重要问题。自贞刈伊德研究了各部分的来源之后，日本学者一直沿着这一路径研究《新撰字镜》的反切来源，做了非常精细的考证工作。但是，由于《新撰字镜》的注音来源过于复杂，这一问题还需要进一步研究。

一、直音研究

据我们统计，《新撰字镜》中的直音共有三百一十九组[1]，这其中不包括一些明显的讹误：

《点部》：歯，子题反。将音。属醢也。

《文下一点》：鏊，子题反。歯。酱属也。醢也。

据"鏊"的释义，"歯"作"将音"，实际上是将"酱"字误拆，且"酉"讹作了"音"。类似这样的讹误，不予统计。有些字形在汉文字书中没有，现有研究又不能确认其为何字的异体或讹误字，这部分字形我们予以统计，但不作进一步的研究。

（一）与字书中直音的比较

《新撰字镜》中的直音共有三百一十九组，只有部分能够比较明确地确认其来源，或者在比《新撰字镜》时代较晚的字书中找到与之相同的直音注音。前一种情况可能

---

[1] 字头有两个或两个以上的，实际为异体字关系，这样的情况算作一组。

提示了《新撰字镜》的直音来源，后一种情况则可能提示了《新撰字镜》与后出字书中相应的字头有着共同的直音注音来源。

直音注音由于很多字的同音字较少，且一般都是用简单、常见的字来给复杂字注音，因此不同字书直音注音的偶合性较大，并不能因为二者直音注音相同，就据此判断二者存在引用关系或者有共同的来源。因此我们在处理直音来源的问题时采取比较谨慎的做法：我们在汉文古字书或者传注类训诂材料中查找与《新撰字镜》直音注音相同的材料，并列出最早的材料，然后归纳总结这些直音来源是否有规律性的来源指向。如果这些材料有较为明确的规律性来源，那么其偶合的可能性就很小了，二者之间有引用关系的可能性相应就比较大了。

根据这一方法，我们将能够查到来源的直音材料归纳总结，列表如下（表 5-1）：

表 5-1 《新撰字镜》直音及其来源表

序号	字头	直音	出处	解释
1	蓼	又六音	《经典释文》"蓼萧"	音六
2	罟	又古音	《经典释文》"兽罟"	音古
3	发鬌	又舜音	《经典释文》"鬌爪"	音舜
4	繐	又岁音	《经典释文》"繐屦"	音岁
5	鲜	仙音	《经典释文》"鲜"	息浅反，又音仙
6	徭	又遥音	《经典释文》"徭役"	音遥
7	悠	又由音	《经典释文》"悠哉"	音由
8	熯	汉音	《经典释文》"熯"	徐本作嘆，音汉
9	衾	钦音	《经典释文》"绞衾"	户交反下音钦
10	騵	元音	《经典释文》"駉騵"	音元，騵马白腹曰騵
11	軓	犯音	《经典释文》"軓前"	音犯
12	华	花音	《经典释文》"桃华"	音花
13	范	犯音	《经典释文》"范"	音犯
14	鴀	浮音	《经典释文》"鴀"	音浮，又音孚

续表

序号	字头	直音	出处	解释
15	鱧	礼音	《经典释文》"魴鱧"	音礼，鮦也
16	羔	高音	《经典释文》"子羔"	音高
17	炬	巨音	《经典释文》"持炬"	音巨
18	嚘	忧音	《经典释文》"不嚘"	音忧
19	欲	欲音	《经典释文》"淫欲"	音欲
20	謵	习音	《经典释文》"謵"	音习
21	猴	侯音	《经典释文》"书猴"	音侯
22	粒	立音	《经典释文》"粒"	音立
23	罾	曾音	《经典释文》"罔罟罾"	音曾
24	锢	固音	《经典释文》"锢栾"	音固
25	茵	因音	《经典释文》"与茵"	音因
26	鶬	仓音	《经典释文》"鶬"	音仓
27	鵖	立音	《经典释文》"鵖"	音立
28	邧	云音	《经典释文》"于邧"	本又作郧，音云
29	矰	曾音	《经典释文》"为矰"	音曾
30	财	才音	《经典释文》"财成"	音才
31	扉	非音	《经典释文》"击扉"	音非
32	甥	生音	《经典释文》"甥"	音生
33	蠡	又礼音	《经典释文》"蠡"	音礼
34	拆	又尺音	《集韵》"拆"	昌石切，音尺
35	瘠	又斯音	《集韵》"瘠"	相支切，音斯
36	㶊	又鸟音	《集韵》"㶊"	音鸟
37	艋［艋］	又猛音	《集韵》"艋"	音猛

续表

序号	字头	直音	出处	解释
38	䮯	六音	《集韵》"䮯"	力竹切,音六
39	鵩	伏音	《集韵》"鵩"	音伏
40	毕狓	肴音	《集韵》"狓"	音肴
41	刋	公音	《集韵》"刋"	音公
42	膕	国音	《集韵》"膕"	音国
43	颲	利音	《集韵》"颲"	音利
44	伏	天音	《集韵》"伏"	音天
45	眮	同音	《集韵》"眮"	音同
46	嶫	业音	《集韵》"嶫"	音业
47	𩪘	伏音	《集韵》"𩪘"	音伏
48	䮷	腾音	《集韵》"䮷"	音腾
49	澎	又彭音	《广韵》"澎"	又音彭
50	蓑	莎音	《广韵》"蓑"	本又音莎
51	鬾	忌音	《广韵》"鬾"	奇寄切。音忌
52	酮	同音	《广韵》"酮"	音同
53	鳩	方音	《广韵》"鳩"	又音方
54	诎	屈音。入	《慧琳音义》"襞褻"	诎音屈
55	蛀	注音	《慧琳音义》"虫蛀"	俗音注
56	豊豐	峯音	《慧琳音义》"艳发"	豊音峯也
57	𪓿𪚥	上,浮音下,留音	《慧琳音义》"𪓿𪚥"	音浮留
58	洁	结音	《慧琳音义》"侜洁"	下音结
59	鱓	善音	《慧琳音义》"蚍蛭鱓"	上射遮反。次音质下音善
60	靉	爱音	《慧琳音义》"靉靆"	上音爱

续表

序号	字头	直音	出处	解释
61	饍	善音	《慧琳音义》"肴饍"	下音善
62	舶	白音	《慧琳音义》"船舶"	下音白
63	锭鐙	定音	《慧琳音义》"四锭"	音定
64	椑	卑音	《慧琳音义》"椑桃"	音卑
65	蛬	共音	《慧琳音义》"蟋蟀"	蛬音共
66	稭	皆音	《慧琳音义》"树稭"	音皆
67	蟔	莫音	《慧琳音义》"蟔子"	音莫
68	桄	光音	《慧琳音义》"桄梯"	上音光
69	疷	祇音	《可洪音义》"涧疷"	丁礼反。又音祇非也
70	秐	云音	《可洪音义》"秐而"	上音云
71	枭	交音	《可洪音义》"土鴉"	又音交。今宜作枭鵰
72	鷯	聊音	《可洪音义》"鷦鷯"	上音焦。下音聊
73	座	坐音	《可洪音义》"高座"	音坐
74	𪒠	黯音	《可洪音义》"胡𪒠"	音黯
75	叨	刃音	《可洪音义》"吃叨"	音刃
76	堡	保音	《可洪音义》"堡坞"	上音保
77	垌	同音	《可洪音义》"垌然"	上徒弄反。又音同非
78	柒	七音	《可洪音义》"未素柒"	下音七
79	藸	诸音	《可洪音义》"藸柘"	上音诸
80	璂	玉音	《可洪音义》"鷗璂"	下音玉
81	迵	同音	《可洪音义》"迵然"	正作洞迵二形。又音同非

续表

序号	字头	直音	出处	解释
82	莏	音多	《篇海》"莏"	得何切，音多。
83	䑗	次音	《正字通》"䑗䑗"	䑗音次
84	魄	白音	《正字通》"魄"	音白
85	䮕	辟音	《龙龛手镜》"䮕"	音辟
86	簾	严音	《玉篇》"簾"	音严
87	笜	任音	《玉篇》"笜"	音任
88	祔	夫音	《龙龛手镜》"祔"	音夫
89	敀	白音	《龙龛手镜》"敀"	音白
90	滀	畜音	《盐铁论》"不足通滀"	注：音畜
91	钲	正音	《汉书》"钲鼓之教"	颜师古注："钲音正"
92	虋	苗音	《五音集韵》"虋"	邹滑切，音苗

在我们找到《新撰字镜》中九十二组有直音来源，或者与后代文献直音注音相合的字中，有三十三组与《经典释文》的直音注音相合；十五组和《集韵》的直音注音相合；五组与《广韵》的直音注音相合；十五组和《慧琳音义》的直音注音相合；十三组和《可洪音义》的直音注音相合。上述五书共计八十一组，占到可明确直音来源的字组的88%，占到全部三百一十九组直音注音的25.4%。

这一统计数据提示我们：《新撰字镜》直音注音的来源是可以研究的，而且是比较明确的。昌住从《经典释文》《慧琳音义》中直接选取了直音注音。对于和《集韵》《可洪音义》相合的一部分直音注音，我们认为它们当有共同的来源。

（二）直音注音的特征

1. 同小韵字注音

《新撰字镜》中有一小部分直音注音来自于同小韵字注音。《切韵》系韵书的排列，是将同一个小韵的字排在一起，并在第一个字的注释中列出反切。从韵书的体例上而言，同一小韵的字就是同音字。昌住在编纂《新撰字镜》的过程中，正是利用了同一小韵的字同音的原理，选取了与被注音字同一小韵的字来充当直音注音。我们以《广韵》为依据，测查了《新撰字镜》中用同一小韵字作直音注音的情况，列表如下（表5-2）：

表 5-2　《新撰字镜》用同一小韵字作直音注音表

序号	字头	直音	《广韵》韵部	《广韵》小韵	《广韵》反切
1	唄	败音	夬	败	薄迈切
2	洎	又暨音也	至	臮	具冀切
3	馲	骆音	铎	落	卢各切
4	趃	驖音	屑	姪	徒结切
5	轞	鼸音	槛	槛	胡黤切
6	沅	源音	元	元	愚袁切
7	渱	葒音	东	洪	户公切
8	蒱	莏音	模	酺	薄胡切
9	荄	薢音	皆	皆	古谐切
10	藨	銚音	宵	遥	余昭切
11	莏	莎音	戈	莎	苏禾切
12	蒠	芨音	缉	急	居立切
13	阳	羊音	阳	阳	与章切
14	九	久音	有	久	举有切

以同小韵字为直音注音字，有一种较为特殊的情况：《新撰字镜》中用来注音的字不是被注音字的同小韵字，而是同小韵字的声符（澍、鉥、蕾），或者以同小韵字为声符的形声字（薨），或者是更换义符的形声字（囘）。这说明昌住在从《切韵》小韵中选直音注音字时，可能进行了一定的改造。这种情况比较少见，列表如下（表5-3）：

表 5-3 《新撰字镜》改动直音注音表

序号	字头	直音	《广韵》韵部	《广韵》小韵	《广韵》反切	同小韵字
1	叵	波音	马	叵	普火切	颇
2	釾	广音	梗	矿	古猛切	矿
3	蘷	芙音	虞	扶	防无切	夫
4	蕾	累音	回	磥	落猥切	磥

2. 声符注音

用声符给形声字注音，是直音注音中一种比较常见的方法。我们将这类情况列表如下（表 5-4）：

表 5-4 《新撰字镜》利用声符作直音注音表

序号	被注音字	释文	注音字
1	忩	心音	心
2	諠	宣音	宣
3	圉	幸音	幸
4	垚	土音	土
5	吻	勿音	勿
6	体	本音	本
7	傔	兼音	兼
8	膳	善音	善
9	踝	果音	果
10	厌	猒音	猒
11	詃	玄音	玄
12	级	及音	及
13	閛	平音	平
14	怦	平音	平
15	銃	充音	充

续表

序号	被注音字	释文	注音字
16	蒠	思音	思
17	范	泛音	泛
18	秕	比音	比
19	园	元音	元
20	憔	然音	然
21	拍	白音	白

3. 直音与反切的同音关系

在有直音注音的三百一十九组字中，直音与反切共存的有六十一组，二百五十八组只有直音注音而没有反切注音。

在《新撰字镜》一字头之下同时收直音与反切的六十一组字中，有十一组是直音与反切同音的现象，如下表所示（表5-5）：

表5-5 直音与反切同音现象表

序号	字头	直音	反切
1	悠	由	翼周反
2	傜	遥	抚昭反
3	䩺	多	都柯反
4	疧	祇	巨支反
5	瘯	斯	息移反
6	详	羊	与章反
7	鬊	舜	书闰反
8	般	班	补奷反
9	秐	云	禹军反
10	蠡	礼	卢启反
11	佳	佳[1]	诸惟反

---

[1] 此例被注音字与注音字相同，可能是因书写错误导致的。

直音注音与反切注音相同，反映出《新撰字镜》注音的来源比较混乱，作者可能是将不同来源的材料不加仔细甄别，收入到各个字条之下。

二、反切研究

（一）与汉文字书的反切比较

《新撰字镜》的反切来源比较复杂，目前还不能据现有材料一一梳理清楚。但是根据昌住序文中的引书情况来判断，反切和释义在多数情况下具有密切的相关性。因此，《新撰字镜》的反切来源主要有两种情况：一是来源于《玉篇》《一切经音义》《切韵》等古代字书、韵书，可以与《新撰字镜》中的反切相互比照；二是来源不明的反切，目前的字书中无法找到反切的线索。

《新撰字镜》的反切研究，遇到的最大障碍在于，很多反切无法找到汉文字书或训诂材料的依据。这其中有些是保留了原本《玉篇》的反切，但还有大量的注释显然与原本《玉篇》无关，其中的反切来源也不得而知。据日本学者高松政雄研究，这部分材料很可能来源于相当于中国魏晋南北朝时期的日本"私记"。[1] 前文提到，《新撰字镜》的成书，用到了"私记"类的材料，由于材料的缺乏，我们现在无法确定《新撰字镜》究竟用到了当时的哪些"私记"。但是，根据现存的"私记"，可以判断出这些"私记"的性质：日本"私记"大致类似于我国古代的注疏类训诂材料，是日本学者在阅读、传抄汉文古籍或日本古籍时作的注释，注释的内容主要包括词义的解释和汉字的注音。

"私记"注释内容的来源，现在还无法确认，其中可能抄录了古代中国注释家的注释成果，也有一部分可能是日本学者自作的。

1.《新撰字镜》《名义》引原本《玉篇》的反切比较

《名义》的反切来源于原本《玉篇》。《残卷》尚存二千零六十九字，《名义》与之相应部分收字二千零一十字，其中反切注音一百八十四字与《残卷》不同。[2] 这些不同

---

[1] 高松政雄：《〈新撰字镜〉の反切——卷第一の俟討より》，《训点语と训点资料》第52辑，1973年8月，第2页。

[2] 吕浩：《〈篆隶万象名义〉研究》，上海古籍出版社，2006年，第85—91页。

之处，有《名义》或《残卷》一方字形讹误的情况，也有双方反切均不讹，而反切用字不同的情况。

本节对《新撰字镜》《名义》所引原本《玉篇》，而反切不同的情况进行比较研究。因为《名义》与《残卷》反切不同的字头，《新撰字镜》未必收有该字头，即便收入，其引书来源也未必源自原本《玉篇》。因此，我们的比较范围缩小到了《名义》《残卷》《新撰字镜》均收入的字头，而且《新撰字镜》该字头的引书来源也为原本《玉篇》的部分。

三书反切的比较结果，可以分为如下七种情况（表5-6至表5-12）：

表5-6　《新撰字镜》与《名义》《残卷》反切比较（1）

序号	字头	新撰字镜	名义	残卷
1	话	朝快反	朝快反	胡快反
2	谵	之阖反	之阖反	之阎反
3	庛	雌清反	雌清反	雌渍反

此类《新撰字镜》与《名义》反切相同，反切有误，《残卷》反切正确。"话""胡"都是匣母字，而"朝"是知母字，《新撰字镜》和《名义》用"朝"作反切上字有误。而"胡"与"朝"形体接近，应是形近而讹的情况。另外两例中，"阎"讹作"阖"、"渍"讹作"清"，都属于形近而讹的情况。说明在第一类中，《新撰字镜》与《名义》相同而讹的情况，都是由于抄写过程中，字形形近错讹造成的。

表5-7　《新撰字镜》与《名义》《残卷》反切比较（2）

序号	字头	新撰字镜	名义	残卷
1	鮽	扶万反	扶萬反	株萬反
2	涑	思穀反	思穀反	田穀反
3	巎	女交反	女交反	女冭反
4	屏	俾井反	俾井反	伊井反
5	厐	莫江反	莫江反	反
6	厌	谐夹反	谐夹反	谐来反

第二类中，《新撰字镜》与《名义》反切相同，反切正确，《残卷》反切有误。除了"庬"是《残卷》反切脱漏之外，其他情况也是因为反切用字形近而致误的。值得注意的是，"餕"字的反切下字，《残卷》和《名义》作"萬"，而《新撰字镜》在抄写反切的过程中改作了"万"，这种将《残卷》的用字改作形体简单的异体字，或者用声符替代的情况，在《新撰字镜》的反切用字中较为常见。

表5-8 《新撰字镜》与《名义》《残卷》反切比较（3）

序号	字头	新撰字镜	名义	残卷
1	咢	鱼各反	京各反	鱼各反
2	硝	思燋反	思焳反	思燋反
3	鲞	似离反	似雖反	似离反
4	输	始珠反	如珠反	始珠反
5	湆	去及反	去反	去及反
6	峑	且泉反	且家反	且泉反
7	崩	皮鄙反	皮郹反	皮鄙反
8	敁	丘知反	立知反	丘知反
9	磆	力合反	力含反	力合反
10	际	子例反	子列反	子例反
11	陞	始绳反	奴绳反	始绳反
12	継	甫奚反	补远反	补奚反

这一类中，《新撰字镜》与《残卷》反切相同，《名义》的反切与之不同，且有讹误。《名义》反切不同，除"湆"字是反切下字脱漏之外，有些是因为字形相近讹误，如"输""峑""崩""磆"等字；有些则可能是反切有意改动，如"咢""継"等字。现有材料还无法明确说明这些反切的来源。

表 5-9 《新撰字镜》与《名义》《残卷》反切比较（4）

序号	字头	新撰字镜	名义	残卷
1	笯	怒胡反	怒胡反	奴胡反
2	輭	舒辰反	舒辰反	舒臣反
3	刐	五骨反	五骨反	伍骨反
4	嵃	鱼产反	鱼产反	鱼彦反

表 5-10 《新撰字镜》与《名义》《残卷》反切比较（5）

序号	字头	新撰字镜	名义	残卷
1	塠	丁回反	丁回反	丁回反
2	鮨	于谪反	于适反	于谪反
3	昭	时照反	时昭反	时照反
4	厱	来甘反	来含反	来甘反
5	渨	于回反	于迴反	于回反
6	滞	直厉反	直例反	直厉反
7	潘	孚园反，普寒反	普寒反，孚园反	孚园反，普寒反
8	瀍	子召反	以绍反	子绍反
9	淡	徒敢反	徒感反	徒敢反
10	洗	桑显反	桑显、先礼反	桑显反
11	滃	于孔反	乌孔反	于孔反
12	渥	乌学反	乌角反	乌学反
13	岬	丁安反	丁案反	丁安反
14	硫	口康反	口唐反	口康反

第四、第五类反映了类似的现象：第四类《新撰字镜》与《名义》反切相同，与《残卷》反切不同，但三者反切音值相同，只是反切用字不同；第五类《新撰字镜》与《残卷》反切相同，与《名义》反切不同，但三者反切音值相同，只是反切用字不同。

《名义》与《残卷》反切用字不同，但反映的音值却相同。而《新撰字镜》或与《名义》相同，或与《残卷》相同。其中第五类的"灈"字，《新撰字镜》在抄录反切用字时，用了声符替代。

表 5-11 《新撰字镜》与《名义》《残卷》反切比较（6）

序号	字头	新撰字镜	名义	残卷
1	欤	与鱼反	与于反	与放反
2	歖	弋离反	翼离反	翼帝反
3	㳋	于幼反	于幻反	于纠反
4	㱁	枯载反	枯戴反	林戴反
5	䫸	力悼反	古豪反	力掉反
6	篹	仕卷反	士食（反）	仕眷反
7	䭉	女右反	女久（反）	女又反
8	䭈	记言反	纪言反	妃言反
9	䩵	牛员反	牛损反	牛陨反
10	䩷	甫匊反	甫菊反	甫鞠反
11	鞄	甫劳反	菩劳反	蒲劳反
12	嵼	才姜反	牛授反	午挍反
13	厰	五今、口敢二反	五今反	五敢、口敢二反
14	碓	都海、都遂二反	都诲反	都海反
15	陒	古犬反	故犬反	胡犬反
16	鯳	古穄（反）	古撑反	古禮反

第六类情况较为复杂，《新撰字镜》《名义》《残卷》三者反切用字各不相同，大致可以分为几种现象：

一是字形相似而造成的抄写讹误。如"欤"字《残卷》反切下字作"放"，应为"於"的讹字。"䫸"在《新撰字镜》中反切下字作"悼"，属号韵，《残卷》反切下字作"掉"，属啸韵。"䫸"亦属号韵，当是今本的《残卷》在流传过程中发生了字形讹误。"㳋"字，《切韵》系中为影母黝韵字，《残卷》作"于纠反"，反切相合。《名义》作"于幻反",《新撰字镜》作"于幼反",反切下字"幻""幼"均应为"纠"的形近讹字。"欮"在《广韵》中有两音,均为去声,一音为溪母代韵字,另一音为影母夬韵字。《残卷》反切上字"林"为来母字,与"欮"的音韵地位不符。《新撰字镜》《名义》反切上字"枯"为溪母字,可见《残卷》反切上字"林"当为"枯"讹。"戴"为去声代韵字,"载"在《广韵》中也有去声代韵的读音。因此不能判断反切下字"戴""载"是有意换用还是字形讹误所致。

二是有意替换反切用字,如"歗"的反切上字,《新撰字镜》作"弋",《名义》《残卷》作"翼","弋""翼"在《切韵》系中同属以母字,换用应属于有意为之。

三是《新撰字镜》抄写反切用字时,会以形声字的声符替代整字,如"輖""輹""鞄"三字的反切下字,即是《残卷》反切下字的声符。

我们现在能看到的传世本《名义》,是日本山城国高山寺所藏鸟羽永久二年(1114)的传写本,《残卷》也非顾野王时的原貌。这些典籍在今本发现之前,均已久经传抄,已非原貌,均有所脱漏错讹。《新撰字镜》《名义》引《残卷》的内容,恰好可以与今本《残卷》相互对照、相互发明、相互校订。

"崨"字,《切韵》音系为从母叶韵字,《广韵》作"疾叶切",《残卷》作"午挍反",《名义》作"牛授反"反,均与音值不合。《新撰字镜》作"才妾反",恰与《广韵》"疾叶切"音值相合。比较字形,"才"与"牛""午"形体相近,当为讹写。《残卷》中"妾"可能先误抄作"挍",《名义》又据"挍"字误抄作"授",造成二书反切俱不相合。

《新撰字镜》《名义》与《残卷》反切不同的情况,除了在传抄过程中造成的字形讹误,也有可能是其依据的底本与我们今天所能看到的版本不同的原因。这可以解释为什么三种书中有明显的反切用字替换,而音值相同的现象。

表 5-12 《新撰字镜》与《名义》《残卷》反切比较(7)

序号	字头	《新撰字镜》	《名义》	《残卷》
1	緫	止念反	子孔反	子孔反
2	絨	尤月反	禹月反	禹月反
3	彛	与止反	余之反	余之反

续表

序号	字头	《新撰字镜》	《名义》	《残卷》
4	绛	古向反	古赣反	古赣反
5	結	止烈反	思裂反	思裂反
6	纆	亡六反	文勒反	文勒反
7	纎	止千反	思悬反	思悬反
8	译	由历反	余石反	余石反
9	縛	止昆反	子昆反	子昆反
10	纸	止氏反	之是反	之是反
11	緝	安用反	如用反	如用反
12	缝	夫封反	扶封反	扶封反
13	絿	巨周反	渠周反	渠周反
14	縺	且妾反	且立反	且立反
15	謿	乎战反	呼战反	呼战反
16	譝	之乐反	之药反	之药反
17	繎	怒缘反	如缘反	如缘反
18	絼	徒孕反	徒展反	徒展反
19	纘	子夗反	子反	子反
20	繐	直转反	宜转反	宜转反
21	繥	且字反	且牛反	且牛反

《名义》《残卷》反切相同，《新撰字镜》与二者不同，又有三种情况：一是《新撰字镜》有意改动反切用字；二是省略《残卷》反切用字的构件；三是与《残卷》反切用字形近而别，其中一者的反切用字当为讹字。上表中，第1至第11例是更换反切用字的情况，又可分为三种情况：

①更换反切用字，但并未改变音值："絾"字改为"尤月反"，"禹""尤"均属云母，音值实际未变；

②《新撰字镜》对反切用字的改动，可能反映了新的语音变化："绛"由《残卷》

的"古赣反"改为"古向反","绛"为去声绛韵字。"向"为去声漾韵字,"赣"为去声送韵字。《切韵》时期送韵与绛韵接近,但随着语音的变化,绛韵的主要元音变为[a],与漾韵的读音趋于一致,《新撰字镜》对反切的改动,很可能反映了新的语音变化。

③《新撰字镜》的改动,不符合被切字的音值:"絠"由"思裂反"改为"止烈反","絠""思"为心母字,"止"为章母字。语音似乎不合。"彝"由"余之反"改为"与止反","之"为平声,"止"为上声。但"彝"未见有上声读音,似为误改。

第 12 至第 17 例,是省略了《残卷》反切用字的部分构件。这种情况在《新撰字镜》抄录反切的过程中比较普遍。因此,无论省略构件之后的反切用字与原字音韵地位是否相同,都应看作是字形的变化,与音值的变化、通转等问题无关。

第 18 至第 21 例,是《新撰字镜》与《残卷》字形近似,造成其中一者字形的形近而讹。如"繾"字《新撰字镜》作"直转反",而《残卷》《名义》作"宜转反","繾"为澄母字,显然反切上字应为"直"而非"宜"。《残卷》《名义》并作"宜转反","宜"当为"直"的形讹字。或者是《残卷》与《名义》今本有脱字,而《新撰字镜》所抄完备。如"纘"字,《新撰字镜》作"子夗反",《残卷》《名义》并作"子反",显然是脱去了反切下字。

2. 与《切韵》反切的比较

《新撰字镜》中来源于《切韵》的部分内容,在书中有明确的标识。《新撰字镜》会在每一部首中,以"已上平声(上声、去声、入声)""已上《切韵》平声(上声、去声、入声)"的形式标示出来,表明这一部分来自《切韵》。

研究《新撰字镜》与《切韵》的关系,第一个问题就是《新撰字镜》究竟依据《切韵》的那个版本抄录而来。由于除了"王三"是足本,其余《切韵》版本均为残卷,而《新撰字镜》引《切韵》亦是零星分散在各部,不成系统。因此这个问题尚难做出明确的结论。

【1】腏:多活反。

按:"王一"作"多活反","王二""王三"作"多括反",《广韵》作"丁括切"。[1]

---

[1] 为行文方便,如果《切韵》各版本反切用字相同,则直接用"切韵"称说;如果用字不同,需要加以分别,则具体称说各个版本。

【2】腌：于却反。

按："王二"作"于却反"，"王三"《广韵》作"于业切"。

【3】膲：即消反。

按："王一""王二"缺，"王三"作"即遥反"，《广韵》作"即消切"。

【4】俙：希岂反。

按："王一""王三"作"希岂反"，"王二"作"虚岂反"。

《新撰字镜》引《切韵》而与其反切不相同的情况，主要是反切用字不同。这种反切用字的差异主要有三种类型：一是字形近似造成的误写；二是用声符替代整字；三是换用反切用字。

（1）形近字的误写

【1】腲：焉贿反。

按：《切韵》及《广韵》并作"乌贿反"，盖因"乌""焉"二字形近，《新撰字镜》误作"焉贿反"。

【2】臊：奴洁反。

按：《切韵》作"奴浩反"，作"洁"当是形近误字。

【3】膻：本祕反。

按："膻"《切韵》作"平祕反"，《新撰字镜》将"平"误抄作"本"。

【4】膊：灰各反。

按："膊"《切韵》中"王二"作"匹各反"，其余各本作"匹各反"，"灰"为晓母字，"匹"为滂母字，音韵地位不同。

【5】倠：谁惟反。

按："倠"《切韵》作"许惟反"，"谁"为禅母字，"许"为晓母字，当是形近误写。

（2）声符替代整字

【1】䐗：乌告反。

按："䐗"《切韵》作"乌浩反"，《新撰字镜》当是只抄了"浩"的声符作"告"。

【2】䐢：良将反。

按："䐢"《切韵》作"良奖反"，"将"属阳韵，"奖"属养韵，二字并不同韵。

【3】肒：古段反。

按：《切韵》作"胡段反"，"胡"为匣母字，"古"为见母字，音韵地位不同。

【4】胳：古各反。

按："王二"作"古洛反"，其余各本作"古落反"，音韵地位相同，但用字不同。

（3）换用反切用字

换用反切用字的情况比较复杂，目前还不知道《新撰字镜》换用反切用字的原因和换用后的反切用字的来源。但是，许多反切在换用反切用字后，造成了音值与《切韵》音值不一样的情况。

【1】肷：他减反。

按：《切韵》作"他感反"，"减"在豏韵，"感"在感韵。

【2】傒：胡毸反。

按："王三"作"胡鸡反"，"毸""鸡"均为平声齐韵字，属于反切用字改动，音值一致的情况。

3. 异读音注的比较

多个反切注音，是指《新撰字镜》中一个字头，或一组字头之下有多个反切注音。《新撰字镜》表示多个反切注音，一般有两种方式，一是某某、某某二反；二是某某反，又某某反。例如：

【1】《日部》：曩，那良、乃良二反。

【2】《月部》：臘，来圇反，又留合反。

比较复杂的情况，是这两种方式结合使用，或者一种方式重复使用多次，实际上就注了三个或三个以上的音。例如：

【3】《火部》：炙，之赤反。又居支、起支二反。

【4】《口部》：咷，正从劳、勒流二反，平。借他吊反。

有些情况，虽然标明了"二反"，但实际只有一个反切，或者另一个反切不全，这种情况当是抄写过程中的脱文造成的。例如：

【5】《人部》：儜，奴耕二反。

【6】《口部》：唻，子累索二反。

《新撰字镜》的多个反切注音现象相当复杂。从汉文古字书，尤其是《切韵》系的韵书情况来看，一个字有不同的反切，每个反切所代表的音一定是不同的，不同反切反映的是多音的现象。但是在《新撰字镜》中，情况并非如此。《新撰字镜》的同音异切现象非常普遍，我们目前还不能确知这是作者为全面搜集材料，不加筛选而有意为之，还是因为作者审音能力不够而造成的失误。

但是，又有与之截然不同的情况：有些反切与汉文古字书不同，是因为经过了有意识的改造，改造的结果是更加适合中古时期语音的演变，反映出语音的变化趋势。这两种现象交织在一起，我们认为比较合理的解释，就是我们在文中反复提到的：《新撰字镜》的字形、注音、释义的来源，都是多渠道、杂糅式汇集的。不同的现象当然也就反映出了不同的来源渠道，只是我们现在还无法将其一一厘清。

《新撰字镜》中部分二音反切，均是来自字书。有些是来自同一字书的两个反切，有些是来自不同字书的反切。部分来自字书的二音反切情况如下表（表 5-13）：

表 5-13　《新撰字镜》一字两个反切的释义来源对照表

序号	字头	反切	来源1	释义1	来源2	释义2
1	䑗	余证、食证反	慧琳：婢䑗	余证、食证二反		
2	胭	一千、于见反	慧琳：咽病	又作胭。同一千反	可洪：作咽	与胭同也。又于见反
3	肕	直引反、余刃反	广韵：肕	直引反	名义：肕	余刃反
4	刖	五刮反、鱼厥反	慧琳：刖足	鱼厥、五刮二反		
5	霁	子计反、子诣反	王一：霁	子计反	慧琳：风霁	子诣反
6	𩆣	柯覈反、匹各反	玉篇：𩆣	柯覈、匹各二切		
7	颺	余尚反、余章反	慧琳：飘颺	余尚、余章二反		
8	氤	一隣反、于真反	慧琳：氤氲	上一隣反	广韵：氤	于眞切
9	煆	许加反、呼嫁二反	广韵：煆	许加切。又呼嫁切		

《新撰字镜》中一个字头下的两个反切，有些情况下两个反切所反映的音值是相同的。这种情况，一般是一个反切来源于字书，另一个反切来源不详，个别情况是两个反切来源均不详或者均来源于字书。可能说明其中一个反切是当时日本僧人自造的反切，或者由于审音能力不足，把字书中反映相同音值的反切并形收入，造成两个反切同音的现象。两个反切同音的材料，举例如下表（表 5-14）：

表 5-14　《新撰字镜》反切来源对照表

序号	字头	反切 1	来源	反切 2	来源
1	天	他前反	玉篇：天	躰年反	不详
2	昌	处羊反	不详	处杨反	不详
3	膧	普江反	慧琳：膧胀	普逢反	不详
4	熮	麾诡反	慧琳：熮之	况彼反	不详
5	煨	乌廻反	集韵：煨	于廻反	不详
6	焚	扶云反	经典：焚	扶芬反	不详
7	烟	于贤反	玉篇：烟	乌贤反	不详
8	煖	奴管反	慧琳：火煖	难管反	不详
9	烁	舒灼反	慧琳：烧烁	始若反	不详
10	灿	丑出反	玉篇：灿	呼出反	不详
11	齌	子奚反	玉篇：齌	祚悌反	不详

（二）反切所体现的音类问题

前文已经提到，《新撰字镜》的反切来源非常复杂。其中来源于《切韵》的部分，代表《切韵》系的音系；而来源于原本《玉篇》和《一切经音义》的反切，则与《切韵》系的反切差别很大。

本节所研究的《新撰字镜》反切所体现的音类问题，主要是研究《新撰字镜》中除去《切韵》《一切经音义》和原本《玉篇》之外，没有明确来源的反切所体现的语音特征。这些反切如果确实来自于日本"私记"，那么分析这部分反切，则在一定程度上能够反映出这一时期的反切注音体现的音韵特征。

我们这一部分研究用到的材料，也包括《新撰字镜》中的二音反切。因为二音反切普遍存在这样一种情况：其中一个反切可以从古字书中找到依据，或者音值与《切韵》系反切音值相同，但另一个反切所反映的语音找不到字书依据，而且反切音值也与字书反切音值不同。因此，找不到依据的那个反切与我们本节所讲的来源不明的反切的音韵特征是一致的。

1. *声母问题*

（1）帮、非组混切

【1】忿：布粉反。

按："忿"在《广韵》中作"敷粉切"，属敷母，"布"属帮母。用重唇音注轻唇音。

（2）见、匣母混切

【1】肴：下交、居交二反。

按：《玉篇》"肴"作"下交切"，"下"为匣母字，与"肴"声母相合，"居"为见母字。

（3）章、精组互切

【1】嘶：之兮反。

按："嘶"在《广韵》中作"先稽切"，属心母齐韵字，"兮"亦是齐韵字，"之"是章母字。章母字和心母字互切，属章、精组互切。

【2】伸：七镇反

按："伸"在《广韵》中作"失人切"，属平声书母真韵字，"镇"在《广韵》平声中有"陟邻切"，属平声真韵字。但"七"为清母字，属于用清母字切书母字。章组和精组互切。

（4）澄、定母混切

【1】烽：直劳、直调二反。

按："烽"在《广韵》中的音韵地位是"定开四效平萧"，切上字"直"是澄母字。

2. *韵母问题*

（1）曾、梗摄混切

【1】莹：为明、画增二反。

按：《玉篇》"莹"作"为明切"。《广韵》中"莹"有二音，音韵地位分别为：云合三梗平庚；影合四梗去径。"为明切"即和前一音。"增"为匣曾摄登韵字，曾、梗摄混切。

(2) 宕、梗摄混切

【1】惊：渠向反。

按："向"为去声漾韵字，属宕摄。"惊"在《广韵》中作"渠敬切"，去声映韵字，属梗摄。宕、梗摄混切。

【2】龠：羊石反。

按："石"为入声昔韵字，属梗摄。"龠"在《广韵》中作"以灼切"，为入声药韵字，属宕摄。

【3】伯：蒲各反。

按："各"为入声铎韵字，属宕摄。"伯"在《广韵》中作"博陌切"，"陌"是入声陌韵字，属梗摄。

(3) 假、蟹摄混切

【1】化：胡卦反。

按："卦"《广韵》作"呼霸切"，"霸"为去声祃韵，"卦"为去声蟹韵，假、蟹摄混切。

(4) 篠、小韵混切

【1】燎：力照、力了二反。

按：《广韵》"燎"字有三个读音：去声作"力照"切，在笑韵，上声作"力小切"，在小韵，"了"为篠韵字。《集韵》"燎"上声作"朗鸟切"，在篠韵。《新撰字镜》上声"燎"的上声音换用了篠韵字作反切下字。

(5) 铎、药韵混切

【1】灼：之药、之各二反。

按："灼"为章开三宕入药。《玉篇》"灼"作"之药切"，与"灼"音相符，"各"为铎韵字，与"灼"音韵地位不合。

(6) 屋、药韵混切

【1】燋：子药、子角二反。

按：《玉篇》"燋"作"子药、子消二切""燋"在《广韵》中有"宵""药"二韵读音，与《玉篇》二反切正合。但"角"为入声字，有"屋""觉"两韵读音。《新撰字镜》作"子角反"，当是"燋"入声字"子药反"的改动。

（7）宵、药韵混切

【1】乔：其虐反。

按："乔"在《广韵》中作"举乔切"，属平声宵韵字，"虐"属入声药韵字。

（8）蒸、东韵混切

【1】烘：虎公、虎应二反。

按："应"为平声蒸韵字。"烘"在《广韵》中作"户公切"，为平声东韵字。

（9）登、冬韵混切

【1】佟：徒登反。

按："佟"在《广韵》中作"徒冬切"，"冬"为平声东韵，"登"为平声登韵，登冬混切。

（10）麻、删韵混切

【1】加：柯班反。

按："加"在《广韵》中作"古牙切"，属假摄麻韵字，"班"属山摄删韵字。

（11）元、仙韵混切

【1】件：求偃反。

按："件"在《广韵》中作"其辇切"，属上声羣母獮韵字，"求"为群母字，但"偃"属上声阮韵字。

3. 声调问题

（1）平上混切

【1】炳：彼永、彼平二反。

按：《慧琳音义》"炳然"："炳，彼永反。""炳"为上声梗韵字，"平"为平声庚韵字。

【2】善：常然反

按："善"在《广韵》作"常演切"，属上声獮韵字，"然"属平声仙韵字，上声和平声互切。

（2）平去混切

【1】催：七雷、七对二反。

按：二反切均不见于字书。"催"在《广韵》中的音韵地位是清合一蟹平灰，与

"七雷反"相合,"对"是去声队韵字,与"催"的音韵地位不合。

三、借音研究

《新撰字镜》中除了一字两个反切的情况,还有一种明确注明借音反切的情况。一般格式如下:

《月部》:胜,正舒陵反,平。任也。堪任也。借书证反,去。尅也。加也。制敌也。

《人部》:傅,正方务反,去。借符付反。涂也。近也。相也。谓涂附也。

《肉部》:臠,正力官(反)。臠臠,瘠皃。一曰切肉也。借力转反,上。

"胜"字正音、借音下均有释义,分别表示正音"舒陵反"、借音"书证反"的意义。而"傅"的正音"方务反"、"臠"的借音"力转反"没有相应的释义。但这只是形式上的对应关系,《新撰字镜》借音与正音之间、正音释义与借音释义之间的实际关系相当复杂,本节将对这一问题进行研究。

(一) 通假关系

一部分借音,反映的是通假关系,但是被假借的字通常不会出现。

【1】《日部》:昧,正莫猜反,去。寞〈冥〉也。爽,早旦也。贪冒也。触冒也。借问骨反,入。未末别也。旨正作昧。

按:"昧"可通假为"末","问骨反"应为"末"音。《公羊传·昭公十五年》:"吴子夷昧卒。"陆德明《释文》:"本亦作末。"《管子·幼官》:"刑则诏昧断绝。"《集校》引丁士涵云:"昧与末通。"

【2】《肉部》:臠,正力官(反)。臠臠,瘠皃。一曰切肉也。借力转反,上。

按:"臠"可通假为"栾"。《经典释文·庄子音义·在宥》:"臠,力转反。崔本作栾。""卷,卷勉反。徐,居阮反。司马云:'臠卷,不申舒之状也。'"

【3】《人部》:佛,正芬末反,入。去。仿佛也。或爲髴字。借扶勿反。违戾之佛为咈字。

按:"佛"可通假为"咈"。《广韵·物韵》"符弗切":"咈,戾也。""佛"当为"咈"表示"违戾"之义的通假字。

【4】《人部》：信，正音息进反，去。诚也。土性也。验也。至也。敬也。使也。明也。朶也。真也。实也。借音书真反，平。古文作伸。理也。直也。

按："信"可通假为"伸"。《集韵·真韵》"升人切"："伸信，《说文》'屈伸。'经典作信，通作申。"《新撰字镜》借音"书真反"，当指通"伸"的"信"。

【5】《身部》：躲，正音时柘反，去。□□益反，入。射同字。弯弘发矢也。借夷石反，入。皋也。猒也。

按：朱骏声《说文通训定声》："躲，叚借为斁。《尔雅·释诂》：'射，厌也。'《易·说卦》：'水火不相射。'《诗·车舝》：'好尔无射。'……又为睪。《楚辞·天问》：'皆归躲籙而无害厥躬。'"《广韵·昔韵》"羊益切"："斁，猒也。"朱骏声《说文通训定声》："睪，假借又为皋。"《新撰字镜》所注"夷石反"的音，当为"斁""睪"二字的通假字。

【6】《页部》：题，正达奚反，平。领也。犹头也。识也。显也。借徒丽反，去。谛也。数也。祖〈视〉也。

按：《广韵·霁韵》"特计切"："题，又徒鸡切。"《集韵·霁韵》"大计切"："题题瞡，视皃，一曰显也。或作题瞡。"《说文·见部》："题，显也。"段玉裁注："《小雅》：'题彼脊令。'传曰：'题，视也。题者，题之假借字。'"《新撰字镜》借音作"徒丽反"，当为"题"的假借字，但"显也"的释义应在借音之后。

【7】《口部》：台，正与时反，平。我也。自称也。予也。养也。借勑来反，平。大老也。

按：《集韵·咍韵》："台，台背，大老也。通作鲐。""台"的"勑来反。平。大老也"的音义，是借"鲐"的。

【8】《口部》：名，弭诚、武并二反，平。所以名质也。大也。偶也。借亡正反，去。字从多从口。

按：《广韵·清韵》"武并切"："名，名字。……成也。大也。功也。号也。"《玄应音义》卷十九"名于"注："名，经文从言作詺，近字也。"《广韵·劲韵》"弥正切"："詺，詺目，或单作名。"借音"亡正反"音义当为"詺"字。"字从多从口"，表示"詺"或作"咯"。《改并五音类聚四声篇海·口部》："咯，音铭。"《中华大字典》以"咯"义未详，可能即"詺"的异体。

（二）多音关系

多音关系主要有两种情况：第一，古代字书，特别是《切韵》《集韵》等韵书中，往往有一字分属不同韵或同一韵中的不同小韵的现象。《残卷》的注释也有一字多音的现象。《新撰字镜》中的借音，有很大一部分反映的是这种多音现象。第二，不同字书或训诂材料的注音不同，《新撰字镜》兼而收之，形成了借音。

多音关系在本质上反映出汉语词汇的分化现象。不同读音之间，是如字音与破读音之间的关系。

【1】《人部》：令，正力政反，去。命也。善也。发号也。道也。命道也。县令也。借力星反，平。使也。

按：此条当引自原本《玉篇》。《玉篇·卩部》："令，力政切。命也。发号也。"《名义·卩部》："力政反。命也。善也。伶也。告也。使也。"《广韵·劲韵》"力政切"："令，命也。"《广韵·清韵》"郎丁切"："令，使也。"原本《玉篇》当收两音，《玉篇》引文将读平声"力星切"的释义"使也"删除，《名义》引了"使也"的释义，但是删除了相应的读音。

【2】《人部》：舍，正舒夜反，去。宫也。行解止之处。凡所一宿为舍。又日退也。又放置也。卅里。借失野反，上。止也。

按：《广韵·马韵》"书冶切"："舍，止息。又音赦。"《广韵·禡韵》"始夜切"："屋也，又姓。"上声读音表示破读音，义为"停止"。

【3】《人部》：使，正音所理反，上。令也。从也。俭也。役也。借音所吏反，去。又今者聘也。

按：《广韵·止韵》"疎士切"："使，役也，令也。"又《广韵·志韵》"疎吏切"，无释义。《玉篇·人部》："使，所里切。令也。《书》曰：'后非民罔使。'又疎事切。"《集韵·止韵》"爽士切"："使，《说文》：'令也。'"《集韵·志韵》"疏吏切"："使，将命者。""使"作去声，属于变调构词，义为"使臣"。

【4】《月部》：胜，正舒陵反，平。任也。堪任也。借书证反，去。尅也。加也。制敌也。

按："胜"的本义为"禁得起"，动词，作平声。变调构词为去声，表示战胜、打败。《玉篇·力部》："胜，舒陵切，任也；舒证切，强也。"

【5】《月部》：膏，正公劳反，平。肥也。凝脂也。骨也。泽也。借古到反，去。猪油。

按：《广韵》"古劳切"："膏，脂也。又泽也，肥也。""古到切"："膏，膏车。"《新撰字镜》"古到反"下释义作"猪油"，当有讹误。

【6】《火部》：劳，正力高反，平。疲也。病剧也。借力到反，去。慰问也。勉也。勤也。

按：《广韵·号韵》"郎到切"："劳，劳慰。""郎到切"是音变构词，表示"慰劳"义。

【7】《人部》：供，正音九从反，平。授也。给也。奉也。进也。借音居用反，去。养。施食具。食也。餚饍也。设也。

按：《广韵·用韵》"居用反"："供，设也。"《仪礼·特牲馈食礼》注："利犹养也，供养之。"陆德明《释文》："供养，九用反。""供"表示"陈设""供养"义，读去声；表示"供给"义，读平声。

【8】《页部》：颃，正枯浪反，去。咽也。借胡堂反，平。飞下下曰颃。

按：《玉篇·页部》："《诗》传云：'飞而下曰颃。'""飞下下"当为"飞而下"之讹。《说文·亢部》："亢，人颈也。……颃，亢或从页。"《广韵·宕韵》"苦浪切"："颃，咽颃。"《广韵·唐韵》"胡郎切"："颃，颉颃。《诗传》云：'飞而上曰颉，飞而下曰颃。'《说文》：'音刚，与亢同。'"平声义"颉颃"当为去声义"咽颃"的引申，语音分化，遂分作两词。

【9】《心部》：怨，正于愿反，去。忌也。恚也。借于元反，平。雠也。

按：《广韵·元韵》"于袁切"："怨，怨雠。又于愿切。"《说文·愿韵》"于愿切"："怨，恨也。《说文》：'恚也。'"

（三）同音关系

《新撰字镜》中有一部分"借音"，实际依照《切韵》音系，则反映的是相同的语音。

【1】《人部》：便，正音父贱反，平。习也。安也。利也。蕃彩也。借音父面反，去。方便也。取也。宁也。

按："贱""面"在《切韵》系中同属去声线韵字，故而《新撰字镜》"便"的正音、借音相同。

【2】《人部》：使，正音所理反，上。令也。从也。俭也。役也。借音所史反，去。又今者聘也。

按："理""史"在《切韵》系中并属上声止韵，正音与借音音值相同。

第六章　校勘与考释

一、《新撰字镜》致误原因考证

《新撰字镜》因其为日本僧人昌住抄录汉文字书和训诂材料而成，之后又经辗转传抄，因此其中存在大量的错讹。《新撰字镜》中的很多讹误不通之处我们今天仍无法解释。但是，根据古字书和古代典籍的线索，可以管窥其中部分错误的来龙去脉。总结其中的致误类型，对其他一时无法搞清楚的问题亦有参考价值，以期在材料更加充分的时候进一步研究。

（一）文例错讹

1. 体例混乱

【1】《月部》：縢，達曾反。绳也。行縢也。牟加波支也。脢，乎再反，上。暝也。胎，汤来也反，平。肝胎一月也。月肉二形别也。

按："縢"字下的释义应有两个字头混入了释义中，导致字头和释义分辨不清。"脢""胎"二字之下的内容，应分别为"脢""胎"的释义部分。

【2】《人部》：仕，鋤里反。官。停，打丁反。止也。

按："停"应另起字头，底本中误在"仕"字头后用小字直接抄出。

【3】《雨部》：霂，于今反，平。云覆日。力沉、召深二反。雨三日已上。

按：《说文·云部》："霂，云覆日也。"《说文·雨部》："霖，雨三日以往。"底本当脱字头"霖"，其下释义窜入了"霂"字条。

【4】《水部》：湄，美悲反。水澄也。波万，又伊曽。

浏，良周反，平。水澄也。又力久反，上。清深也。疾风也。

按：《说文·水部》："浏，流清皃。"《说文·水部》："湄，水草交为湄。""湄"训为"水澄也"，在古代字书和训释材料中均未见，应是"浏"字释义误窜所致。

【5】《木部》：椶，子红反。搜，搣也。栟榈也。

按：《集韵·东韵》："搜，《字统》：'搜搣，俗谓之捉头。'"《说文·木部》："椶，栟榈也。可作萆。""搜，搣也"是另一条训释，窜入了"椶"字头下。

【6】《竹部》：箭，厕列反，入。又子贱反。割断声。

按：本条的反切和释义都不能与字头"箭"对应，字头当为"𠛾"讹。《广韵·薛韵》"厕列切"："𠛾，割断声。"

2. 字头重出

【1】《面部》：覂，方孔反，上。覆也。久豆加户利不须。

《足部》：覂，方肿反，上。覆也。

按：面部、足部的"覂"当为"覂"字之讹。《玉篇·襾部》："覂，《汉书》：'大命将覂。'谓覆也。"

【2】《门部》：䦕，弥隣反，平。低目视也。

阌，武分反，平。阌鄉，县名。

按：《广韵·文韵》："䦕，俗作阌。"《说文·昷部》："䦕，低目视也。从昷，门声。弘农湖县有䦕鄉。汝南西平有䦕亭。"《新撰字镜》将两个异体字分立字头，不言二者的关系，而且将两个义项分别安放。

【3】《耳部》：聜，之忍反。告也。晘字。

聜，上字。

按：底本两字头分别作**聜**、**聜**，并无形体上的区别。《集韵·轸韵》："聣，亦作聜。"底本两字头一样，其一或当作"聣"。

【4】《糸部》：繩，亦作。

繩，食陵反。索也。法也。直也。弌也。

按：此二字均当为"繩"的形变字，但二字字形相同，底本分别作**繩**、**繩**。依据体例，前者的释义作"亦作"不合体例，二字顺序似应调换。可能是由于昌住辨别字形能力有限，不加甄别予以收录。或者是在传抄过程中造成字形混同。

（二）字形错讹

字形的问题，主要是将形近字误认作异体关系。

【1】《雨部》霤，力救反。自屋水流下。

靁䨓，二上同。

按：《龙龛手镜·雨部》以"䨓"为"雷"的俗字。《说文·雨部》："靁，阴阳薄动靁雨生物者也。"《玉篇·雨部》"雷"籀文或作䨻。《新撰字镜》"䨓"字当是籀文形体的形变。因此"靁䨓"二字皆为"雷"字的异体字形，与"霤"字无关。

【2】《巾部》：市迊巿市，四同。作合反。丘止反，上。交易人会处也。同巿也。

按：《说文·巿部》："巿，周也。从反之而巿也。"《集韵·合韵》："巿，遍也，周也。迊，同巿。"《说文·巿部》："巿，韠也。上古衣蔽前而已，巿以象之。天子朱巿，诸侯赤巿，大夫葱衡。从巾，象连带之形。"《说文·冂部》："市，买卖所之也。"四字并非异体字关系，底本盖误作四字同。

【3】《竹部》：筝，俎耕反。筍也。

按：《说文·竹部》："筝，鼓弦竹身乐也。"段玉裁改为"五弦筑身"。《说文·句部》："笱，曲竹捕鱼笱也。""筝""笱"二字音义没有相通之处，《新撰字镜》以"笱"释"筝"当属误释。

【4】《竹部》：筍，息元、先君二反。筝也。

按：享和本字头作"筍笋"，释义亦作"笋也"。《集韵·准韵》："笋，竹胎也。或作筍。"天治本"筝"当为"笋"讹。天治本以"筝"释"筍"，"筝"当为"笋"的形误，"筍""笱"形近，故而又以"筝"释"笱"，造成进一步的错误。

【5】《竹部》：笱筍，二同。古厚反，上。县名。曲竹捕鱼者也。

按：《玉篇·竹部》："筍，同笋。"《说文·句部》："笱，曲竹捕鱼笱也。""筍"同"笋"，又因为"笱""笋"二字形体相近，误将"筍"认作了"笱"的异体字。

【6】《革部》：鞈鞈，同作。胡大反。谓车靼，靼物皆作此字。或作靾，与鞹字同。但靾非此用。

按：《广韵·狎韵》"胡甲切"："鞈，鞈鞨。"周祖谟校勘"鞈"当作"鞈"。《说文·革部》："鞈，大车缚轭靼也。"段玉裁注："大车，牛车也。……鞈亦作靾。释名：靾，县也。所以县缚轭也。"《广韵》作"胡犬切"。"鞈"与"鞈"音义无关，"鞈"

当是"靮"的形近讹字。

(三)释义错讹

1. 杂糅不同字书释义

【1】《木部》:框,器王反。棺。《礼》曰:士不虞框。

按:《玉篇·木部》:"框,棺门也。"《慧琳音义》卷六十三"门框"条:"下曲王反。字书云框门上下两旁木也。《礼记》云:士不虞框也。"释义引自不同的字书,造成释义的杂糅。

【2】《米部》:粣,二同。所革反,入。饭下糁米。粒也。落曰粣。

按:《说文·米部》:"糁,以米和羹也。糁,古文糁从参。一曰粒也。"《集韵·麦韵》"测革切":"粣,粽也。"《集韵·麦韵》"色责切":"粣,糁也。""粣"与"糁"并非异体关系,只是以"糁"义来解释"粣"。但《新撰字镜》却将"糁"的其他释义都窜到了"粣"字条下。

2. 混入他字释义

混入他字释义,是指字头A下的释义并非A字的释义,而是将B字的释义混入A字的释义之中。A、B两字往往有形近的关系,但是与上节"形近字误认为异体关系"例不同的是,"混入他字释义"例中,并没有在字头或释义中出现B字,表明二者是异体字关系,只是在释义中混入了他字的释义,属于一种误抄释义的情况。

【1】《木部》:柤,只加反。水中浮草也。破败也。柴闲也。枏也。距也。加良奈志也。

按:《集韵·麻韵》:"苴,水中浮草也。"《新撰字镜》当混误了"柤""苴"二字,将"苴"的释义误作"柤"下。

【2】《疒部》:瘍,余章反,平。头创也。痴也。狂也。又羊益反。以病相染也。

按:"瘍",《广韵·昔韵》"羊益切":"瘍,病相染也。"《广雅·释诂三》:"瘍,痴也。""瘍",《广韵·阳韵》"与章切":"瘍,疡伤也。"《玄应音义》卷二"创瘍"注引《通俗文》:"头创曰瘍。""瘍"与"瘍"两字误作一字,将两字的释义杂糅在一起。这是误认字形造成的失误。

【3】《土部》:坁,正也、久以、之移三反,平。桥也。又土桥也。借父美反。反

上。伧也。毁也。覆也。萑也。毁也。破裂也。绝也。

按："借父美反"之后的音义，当为"圮"字。《说文·土部》："圮，毁也。"《广韵·旨韵》："圮，覆也。"《一切经音义》中"圮"常误作"坯"。如《慧琳音义》卷六十三"坯裂"条即为"圮裂"之讹。《新撰字镜》误将二字混入一条，盖受《一切经音义》的影响。

【4】《目部》：瞈，阿孔反，上。气盛皃。

按：《字汇·目部》："瞈，瞈蒙，目不明也。"《广韵·董韵》："𪖨，气盛皃。""瞈"下的释义实为"𪖨"的释义。

【5】《面部》：䩉，他殁反。姡也。羞也。耻也。噁也。

按："姡"当为"姞"字之讹。"䩉"在训释材料中没有"噁"义。《玉篇·口部》："噁，《字书》云：'噁噁，丑也。'"《尔雅·释言》："䩉，姡也。"《说文·女部》："姡，面丑也。"但是，"䩉"训"姡"并不是"面丑"之义。"姡"训"面丑"义，在《广韵》中作"下刮切"。《广韵·末韵》"户括切"："姡，姡䩉也。"可见"姡"训"面丑"义与训"姡䩉"义当是二词，并不能沟通。《新撰字镜》误将二词沟通，造成释义失当。

3. 误抄字书释义

误抄字书释义，是指在抄录过程中抄错字形、漏抄释义、误抄不相干内容等情况造成的释义错误。

【1】《言部》：競，渠竟反。竞字古文。强也。争也。遂也。遽也。

按："竞"无"遂也"的训释。《残卷》作"遽也"，"遽"字字形作遽，盖抄录误作"遂"，又加了"遽也"的释义。

【2】《糸部》：纆，亡六反。采薪绳。

按：《玉篇·糸部》："纆"，同"䋃"。《玉篇·糸部》："䋃，索也。"《残卷》："纆，索也。《淮南》：'共担纆采薪是也。'""纆"并不专指"采薪绳"，盖《新撰字镜》误解了原本《玉篇》的释义，误作"采薪绳"。

【3】《马部》：騋騋騋，三同作。张扇反。马卧土中也。驴马也。

按：《慧琳音义》卷八十七"驴騋"注引《埤苍》："騋，马卧土中也。""騋"无"驴马"义，盖将《慧琳音义》"驴騋"字条误作释义造成的错误。

4. 截取释义

《新撰字镜》中还有个别条目的释义，是从古代字书的释义中摘取了个别几个字成为注释。这样的训释方法，如果抓住了释义中的核心词，有利于简化训释，但是如果不能抓住核心词，则会造成释义不通。甚至将释义部分删去，留下与词义毫无关系的内容。

【1】《肉部》：膘，扶了反。胁前也。牛脊后髀。

按：《玉篇·肉部》："膘，牛脊后髀前革肉。"

【2】《页部》：頶，于没反，入。内头水。

按：《玉篇·页部》："頶，内头水中也。"

【3】《面部》：靦，于远反。目间也。婉字。

按：《玉篇·面部》："靦，眉目之间美皃。《韩诗》云：'清扬靦兮。'今作婉。"《新撰字镜》将释义"眉目之间美皃"截取为"目间也"，造成意义的改变。

【4】《口部》：啺，五曷反。相诃距。

按：《说文·丶部》："音，相与语唾而不受也。"

【5】《疒部》：癖，匹亦反，入。腹内癖病。

按：《玉篇·疒部》："癖，食不消。"

【6】《骨部》：髓，骨实白也。

按：《玉篇·骨部》："髓，骨中脂也。"《集韵·寘韵》："髓，骨脂也。"

【7】《马部》：駓，敷悲反。桃花马。

按：《说文·马部》："駓，黄马白毛也。"《尔雅·释畜》："黄白杂毛，駓。"郭璞注："今之桃华马。"

【8】《马部》：驎，渠口反。马健行也。

按：《说文·马部》："驎，马行威仪也。"

【9】《革部》：鞬，稚央反。弓弢。

按：《玉篇·革部》："鞬，弓衣也。亦作韔。"《龙龛手鉴·弓部》："弢，同弢。"《说文·弓部》："弢，弓衣也。"

【10】《金部》：鐏，存因反。矛柲下镦也。

按：《说文·金部》："鐏，柲下铜也。"《周礼·考工记·庐人》："去一以为晋围。"郑玄注引郑司农云："晋谓矛戟下铜鐏也。"孙诒让正义："鐏、镦，对文则异，散文得通。"以"镦"释"鐏"，散文则通，但在古代字书中未见。

【11】《田部》：畭畬，同。力求反。不耕而火穜。

按：《玉篇·田部》："畬，田不耕，烧种也。"

【12】《金部》：鈚，甫加反。兵车也。针也。薄镰也。

按：《方言》卷九："凡箭镞……其广长而薄镰者谓之錍，或谓之鈚。"《新撰字镜》误截取了字书释义致误。

【13】《口部》：唦，所佳反。爲蚡冒。

按：《玉篇·口部》："飮也。《史记》曰：'楚先有熊唦。是为蚡冒。'""爲蚡冒"与"唦"的释义毫无联系，当是底本抄录时前后脱漏所致。

【14】《言部》：谢，似夜反，去。住也。去也。听也。从也。宇豆须。辞也。

按：此条系从原本《玉篇》摘出。《残卷》言部："谢，《礼记》：'大夫七十而致，王若不得谢。'郑玄曰：'谢，犹听也。'《楚辞》：'愿并谢与长友。'王逸曰：'谢，去也。'""谢，犹听也"是"谢"在语境中的使用义。《新撰字镜》将古字书中保留的随文而释的注释，删去了文献语境，当作了贮存义保留下来。

【15】《言部》：诃，呼何反，平。不敬者诃而罚之，谓结问之也。以苦言近人曰啧也。靳。

按：《残卷》言部："呼多反。《周礼》：'不敬者诃而罾之。'郑玄曰：'诃犹诘问之也。'注又曰：'诃，谴怒也。'《方言》：'诃，怒也。陈谓之诃。'郭璞曰：'相责也。'《说文》：'大言而怒也。'《字书》或为呵字，在口部。古文为茍字，在止部也。"《新撰字镜》在摘录原本《玉篇》的训释时，将经和注混为一谈，造成释义不明。

【16】《糸部》：纕緦，二同。山羊反。浅黄色。

按：《说文·糸部》《玉篇·糸部》："纕，援臂也。""浅黄色"与"纕"的意义无涉。《慧琳音义》卷八十八"襐绅巾"："中，想羊反。《考声》云：'浅黄色，正作纕。古今正字。'"此即截取《慧琳音义》释义造成的训释不明。

（四）注音错讹

《新撰字镜》释义收录具有明显的杂糅性，因此会造成音义不对应的情况，或者反切用字有误。

【1】《禾部》：秖，章移、巨支二反，平。适也。

按：《玉篇·禾部》："秖，竹尸切。谷始熟也。"《集韵·支韵》"章移切"："秖，适也，或从禾。""秖"作"适"解，假借"衹"字，对应的是"章移切"，《新撰字镜》将两个反切同时放在"适也"的释义之上，造成音义对应失当。

【2】《巾部》：帵幓，二同。莫慢、七遭二反。

按：莫慢、七遭二反应分别为"帵""幓"二字的反切注音。《新撰字镜》未加详查，误认二字为一字，造成反切注音失误。

【3】《火部》：燅，力甚、舒甚二反。

按：《切韵·寑韵》"力稔切"："燅，火舒，又力甚反。""舒甚反"可能是受到释义用字的窜入而讹的。

【4】《人部》：伤，武粉、武离二反。

按：《玉篇·人部》："伤，武粉、武弗二切。离也。《博雅》云：断也。"《新撰字镜》作"武离反"，当是误将释义作为反切下字造成的讹误。

【5】《肉部》：膌，胡汉反。肥也。肉厚重之皃。

按：此条的音义不对应。《集韵·寒韵》"丘寒切"："膌，胇膌，坏也。"《广韵·没韵》"陀骨切"："膌，《说文》曰：'牛羊曰肥，豕曰膌。'"据此，字头"膌"字音与之对应，但释义疑为"膌"字。

【6】《日部》：曚，莫郎反，莫補二反，上。不明皃也。映也。翳也。可从目部。

按：《广韵·荡韵》"模朗切"："曚，无一睛。"《广韵·铎韵》"慕各切"："瞙，《字统》云：'目不明。'"《慧琳音义》卷六十"眼瞙"注引《韵诠》："瞙，眼病也。"盖底本将"曚""瞙"二字的读音和释义混收入一条。"莫郎反""莫補反"当分属二字。

二、利用《新撰字镜》校勘古籍

《新撰字镜》的内容虽然存在大量讹误的情况，但是因其成书较早，抄录了很多失传的字书内容和训诂材料，因此还是具有很大价值的。我们利用《新撰字镜》的内容，可以校勘古代字书的内容，或者佐证前人的校勘成果。

【1】《天部》：昊睪，昊天，夏天也。

晃，上同字。

按："睪"当为"睪"的讹字。《正字通·日部》："睪，昊本字。""晃"当为"晃"的讹字。《字汇补·日部》："晃，何老切。音皓。夏天也。"《康熙字典·日部》："晃，《字汇补》同昊。"今本《字汇补》未言"晃，同昊"，但依《字汇补》中"晃"的读音、释义和《新撰字镜》明言"晃"同"昊"，则《康熙字典》所言不误。

【2】《肉部》：肿，之勇反。瘣。

按：根据《新撰字镜》引文情况，此条引自原本《玉篇》。《名义·肉部》"肿，之勇反。瘣也。痈也。长生也。疮也"，《周礼·天官》"疡医掌肿疡"，郑注"痈长生疮也"，《名义》"痈也。长生也。疮也"，均为误引，《新撰字镜》不误。

【3】《肉部》：脲，许梨反。屎字。呻吟。

按：《名义·肉部》："许梨反。屎也。"《玉篇·肉部》："脲，呻也。"《玉篇·尸部》："屎，呻也。"《诗·大雅·板》："民之方殿屎。"王先谦集疏："鲁，屎亦作吚。"《集韵·至韵》："吚，或作脲。"《残卷》中所提"脲""屎"二字，应是一种字际的通假关系，并非训释关系。《名义》所引有误，《新撰字镜》所保留的字际关系是正确的。

【4】《肉部》：胲，居牒反。颊字。

按：《名义·肉部》："胲，居牒反。颊也。"《玉篇·肉部》："胲，居协切。俗颊字。"《名义》将字际关系误作了训释。

【5】《面部》：酩，火含反，平。面红也。

按：《玉篇·面部》："酩，火含切。面纽皃。"《广韵·覃韵》："酩，面红。"此条当出自原本《玉篇》。底本可校勘《玉篇》，"纽"当为"红"讹。

【6】《目部》：略，来各、来均二反。盻也。视也。

按：《玉篇·目部》："略，来各、来灼二切。盻也。"《玉篇校释》"略"字下注："'盻也'者，'盻'当爲'盯'，形之譌也。《方言》二：'略，盯也。吴、扬、江、淮之间或曰略。'""盻"当为"盯"讹。

【7】《目部》：眒，莫拜反，去。眼久视也。

按：此条当出自原本《玉篇》。《玉篇·目部》："眒，亡拜、亡拨二切。目冥远视。一曰久也。"《广韵·怪韵》"莫拜切"："眜，眜眼久视。"胡吉宣《玉篇校释》"眜"："'一曰久也'，亦为'久视也'之误脱。"胡氏之说不误。

【8】《火部》：莹，正画增反、为明二反，平。美石也。玉色也。借于垧反，去。玉光明也。

按：此条引自原本《玉篇》，今本《残卷》散逸。《玉篇·玉部》："莹，乌定、为明二切。玉色也。《诗》云：'充耳琇莹。'《传》曰：'石之次玉。'又于垧切。"《新撰字镜》记载"于垧反"的音，是"玉光明"义。

【9】《火部》：燋，子姚反。火所烧也。焦黑也。

按：《说文·火部》："燋，火所伤也。"《慧琳音义》卷七十七"燋炭"注引《说文》云："燋，所烧也。"《玉篇·火部》："燋，火烧黑也。"《广韵·宵韵》："焦，伤火也。"《新撰字镜》此条引文应非从《慧琳音义》中引出。《说文》"火所伤"可能为"火所烧"之讹。

【10】《火部》：煣，似留反。燎也。

按：《玉篇·火部》："煣，自留切。燎也。"《集韵·尤韵》："煣，燥也。"《说文·火部》："燎，火皃。"《玉篇·火部》："燎，烧也。烂也。"《广韵·有韵》："燎，火烂。"《方言》卷七："煦、煅，热也，干也。"郭璞注："热则干燎。"周祖谟校笺："燎，戴（震）改作燥。卢（文弨）云：'燎，俗燥字。'""煣"的释义，《玉篇》"燎也"当为"燎也"之讹。

【11】《田部》：畬，与鱼反，平。二岁。□□ 一岁，二岁也。

按：《说文·田部》："畬，三岁治田也。《易》曰：'不菑畬田。'"王筠《说文句读》据徐锴《韵谱》改"三"作"二"。郝懿行《尔雅义疏》："畬者，田和柔也。……《礼·坊记》注：'二岁曰畬，三岁曰新田。'……盖异说也。"据《新撰字镜》亦作"二岁曰畬"。

【12】《目部》：䁲，亡结反。眇也。

按：《改并四声篇海》引《併了部头》："䁲，目无睛也。"《康熙字典·廿部》："䁲，按：疑即矏字之讹。"《康熙字典》释义正确。

【13】《口部》：嗺，之摽反。野人之言也。《说文·口部》："嗺，野人言之。从口，质声。"

按：徐锴《系传》改为"野人言之"，校改正确。

【14】《口部》：哢，力贡反。力口反。鸣也。飞鸟鸣也。

按：《玉篇·口部》：" 哢，言哢也。"清洪颐煊《读书丛录》卷十一："哢，即啰字……言哢，当是'音啰'之讹。""哢"即"啰"的俗字。《广韵·送韵》："啰，卢贡切，鸟吟。"《字汇补·卜部》："卡，与弄同。见《篇海》。"从"弄"得声的字，多以从"卡"为俗字。《龙龛手鉴·口部》："挊，同挵。"《龙龛手鉴·口部》："哢，啰的俗字。"《新撰字镜》以"哢"为"啰"的俗字，符合构件替换的规律。而《龙龛手鉴》以"哢"为"啰"的俗字，"哢"当为"哢"的形讹字。

【15】《口部》：嗛，山咸反。啗嗛物也。

按：《玉篇·口部》："嗛，口臽嗛物也。"《玉篇》中"口臽"应为"啗"字的误写。

【16】《耳部》：（保）聒，公活反。讙聒也。谊语也。耳孔骚。

按：天治、享和本均作"护聒也"。《说文·耳部》："聒，驩语也。"段玉裁改"驩"为"讙"。《说文·言部》："讙，哗也。"《说文》"驩"字当作"讙"。段玉裁及保孝本不误。

【17】《齿部》：齜，治离反。斷齿见也。

按：《广韵·支韵》："齜，齿斷。"周祖谟先生校勘记："齜，《万象名义》《玉篇》均训'齿斷见'，此注'斷'下宜补'见'字。"据底本，周祖谟先生所说为确。

【18】《齿部》：齬，渠柳反。老人齿如臼也。

按：《玉篇·齿部》："渠柳切。老人齿如齬。一曰马八岁曰齬也。"胡吉宣《玉篇校释》改"齬"为"臼"。《说文·齿部》："老人齿如臼也。"盖可知《玉篇》"齬"本作"臼"。

【19】《毛部》：毪，而勇、而尹二反。聚盛也。鸟羽杂生也。

按：黄生《义府·䎳毛》："《说文》引《书》'鸟兽䎳毛'作'毪毛'，而尹、入勇二切。郑注《周礼·司裘》'仲秋鸟兽毪毨'，毪即䎳字之误。"底本"毪"音义正与"䎳"同，可见黄说不误。

【20】《疒部》：痋，又作胅□□。动痛也。疼痛二字同。

按：《说文·疒部》："痋，动病也。从疒，虫省声。"王筠句读作"动痛也"并注

"依元应引改"，段玉裁注"疛即疼字"。由《新撰字镜》释义来看，王筠改《说文》作"动痛也"、段玉裁以为"疛即疼字"均不误。

【21】《言部》：訆，公弔反。忌言也。叫字。嘑也。

按：此条应是从原本《玉篇》中抄出。《残卷》："訆，公弔反。《说文》：'訆，忌言也。'《春秋传》曰：'或訆宗大广是。'《字书》或叫字也。叫，嘘也，在口部。"《左传·襄公三十年》："或叫于宋大庙。""宗大广"当为"宋大庙"讹。《说文·口部》："嘘，吹也。""嘘"与"訆"意义相差甚远，不应以"嘘"释"訆"。据《新撰字镜》，《残卷》"嘘"当为"嘑"字之讹。《说文·口部》："嘑，唬也。"《玉篇·口部》："嘑，亦大声也。""嘑"与"訆"意义相合。

【22】《尸部》：屆，楚立反。尺也。徒后蹋。

按：《说文·尸部》："屆，屆尾，从后相毚也。"段玉裁改作"从后相蹋"。《新撰字镜》"徒"当为"从"讹，"尺"当为"尾"讹。但《新撰字镜》作"从后蹋"，则证明段玉裁改"毚"为"蹋"不误。

【23】《女部》：嫯，伍高、伍高二反。侮伤也。

按：《说文·女部》："嫯，侮易也。"段玉裁改"易"为"傷"，"伤"当为"傷"讹。《玉篇·女部》："嫯，侮慢也。"《广韵·寘韵》："傷，相轻慢也。"《新撰字镜》底本作"伤"，应是误抄了"傷"字形体，说明段玉裁所改不误。

【24】《女部》：姦，青且反。人三为众，女三为姦，夫姦美之物也。美皃也。

按：《说文·女部》："姦，三女为姦。从女，奴省声。"《国语·周语》："人三为众，女三为粲。……夫粲，美之物也。众以美物归女，而何德以堪之？"朱骏声《说文通训定声》"姦"："三女为姦。姦，美也。从女奴省声。《周语》'夫粲美之物也。'以粲为之。"《新撰字镜》引文作"姦"不作"粲"，说明本当作"姦"，"粲"为后起的假借字。朱骏声所言不误。

【25】《糸部》：紾，去愿反。束腰绳。又居玉反，入。纕臂绳。

按：《说文·糸部》："紾，攘臂绳也。"段玉裁改为"纕臂绳也"，注曰："纕，各本作攘，今正。纕者，援臂也。臂袖易流，以绳约之，是绳谓之紾。"《新撰字镜》正作"纕臂绳"，可见段玉裁所改不误。

【26】《系部》：絺，七四反。绩所未缉者也。

按：《说文·系部》："絺，绩所缉也。"段玉裁依《广韵》改为"绩所未缉者"，《广韵·至韵》："絺，绩所未缉者也。"可知段玉裁所改不误。

【27】《系部》：绲，古本反。绳也。织成带也。

按：《说文·系部》："绲，织带也。"段玉裁依《文选·七启》注、《后汉书·南匈奴传》注改为"织成带也"。

【28】《系部》：纝，力奚反。□也。絓也。

按：《说文·系部》："纝，系纝也。一曰维也。"王筠《说文释例》："《玉篇》：'一曰絓纝也'，然则是'絓'伪作'维'，而又脱'纝'字也。'一曰'犹云'一名'，谓系纝又名絓纝也，仍是叠韵字。"据《新撰字镜》，王筠认为"维"是"絓"的讹字，此说正确。

【29】《衣部》：襧，子利反。丧服也。裳下缉也。絑疾也。缠也。

按：《说文·衣部》："襧，缠也。"钮树玉校录："《韵会》引下有'裳下缉'三字。"据《新撰字镜》，今本《说文》"襧"下或脱"裳下缉"三字。

【30】《衣部》：袢，扶员反。无色衣。

按：《说文·衣部》："袢，无色也。"钮树玉校录："《韵会》引及《玉篇》注作'衣无色'。"据《新撰字镜》，《说文》当脱"衣"字。

【31】《巾部》：帊，袙同。匹亚反。帊幞也。䡊也。两复曰帊。

按：《说文新附·巾部》："帊，帛三幅曰帊。"郑珍《新附考》："《御览》《广韵》并引《通俗文》：'帛三幅曰帊'，三者二之误。《众经音义》卷二十一引作'两幅（今本伪复）曰帊'是也。"

【32】《巾部》：䈎，子田反。幡也。櫜也。笺。

按：《说文·巾部》："䈎，幡帜也。"段玉裁注："幡帜，旛识之俗字也。古有旛无幡，有识无帜。许书本作旛识，浅人易之。旛识者，旗有幅可为表识。䈎之言笺也。"底本正作"笺也"，可证段玉裁所言不误。

【33】《巾部》：帚，之□反，上。所以扫粪也。扫也。

按：《说文·巾部》："帚，粪也。"段玉裁改为"所以粪也"。《慧琳音义》卷五十三"堋帚"注引顾野王："帚，所以扫除粪秽也。"底本"所以扫粪也"应即"所以扫除粪秽也"的简省。"扫粪"应为动宾结构，依照顾野王的解释，似改作"所以扫也"更为准确。

【34】《酉部》：醮，子肖反。有冠曰醮，无有曰醴。祭酒。

按：《说文·酉部》："醮，冠娶礼祭也。"段玉裁注："《士冠礼》：'若不醴则醮用酒……'而许云冠娶礼祭，事属可疑。详经文不言祭也。盖古本作冠娶妻礼也，一曰祭也。转写有夺与，祭者别一义，不蒙冠婚。"依《新撰字镜》释义，婚礼礼节义与祭祀义是两个义项。《玉篇·酉部》："醮，礼祭也。"《新撰字镜》义项作"祭酒"，应是用酒进行的祭祀。

【35】《门部》：䦺，许亮反，去。门乡也。

按：《说文·门部》："䦺，门响也。"段玉裁注："响疑当作乡，乡者，今之向字。门向者，谓门所向。《释宫》：'两阶闲谓之乡。'"《新撰字镜》所引正作"乡"。

【36】《马部》：騫，丘焉反。曜也。亏也。马腹热也。

按：大徐本《说文·马部》："騫，马腹縶也。"徐锴《说文系传·马部》："騫，马腹热也。臣锴曰：腹病騫损。《诗》曰：'不騫不亏。'"朱士端《说文校订本》："马腹热，热即病也。故锴曰：'腹病騫损'。大徐本作'马腹縶'，盖以形近而伪。"《新撰字镜》与徐锴本同，可校勘大徐本之讹。

【37】《牛部》：牂，则郎反，平。牝羊。

按：《字汇·羊部》："牂，与牂同。"《说文·羊部》："牂，牡羊也。从羊，丬声。"段玉裁改作"牂，牝羊也"，并注："各本作'牡羊'，误。"《尔雅·释畜》："羊牡羒，牝牂。"

【38】《革部》：鞙，似世反。绣也。以马窜赠亡人。

按：《广韵·祭韵》："鞙，以马窜赠亡人。"《玉篇·革部》："鞙，以马赠亡人。"《广雅·释器》："鞙，窜也。"《集韵·薛韵》："鞙，马被具。""鞙"的本义是"马鞍"，引申为动作的受事，符合词义演变的一般线索。根据《新撰字镜》及"鞙"的词义引申线索，当以《广韵》为确。

【39】《革部》：䩨，徒东反。被具饰。

按：《玉篇·革部》："䩨，靮具饰。"《广韵·东韵》："䩨，靮具饰也。"周祖谟校勘记："注靮字，北宋本、巾箱本、黎本、明本均作鞁，张氏改作靮，于义不合。"《集韵·东韵》："韇，车被具饰。"依《新撰字镜》，"靫"当为"被"字讹。

【40】《车部》：轖，轖同。所力反。车籍也。交革也。轖也。

按：《说文·车部》："轖，车籍交错也。"段注改作"交革"，注："各本'革'作'错'，李善《七发》注、颜师古《急就篇》注作'交革'，今从之。"《新撰字镜》作"交革"，印证了段玉裁所改不误。

【41】《车部》：輂，力六反。輂輂，三箱。

按："輂輂"有两说，一说为丧车，一说为三箱车。《玉篇·车部》："輂，輂輂，载丧车。"《集韵·尤韵》："輂，輂輂，载麦三箱车。"据贞苅伊德研究，此条当出自原本《玉篇》，或可能说明原本《玉篇》亦本作"三箱车"。

【42】《车部》：輆，口亥反。軝也。不平。

軧軝，同。徒改反。輆也。

按："輆"当与"軝"连读成训。《广雅·释训》"輆軝，不平也。"王念孙《疏证》："輆軝，《玉篇》《广韵》并作'輆軩'，所出未闻。"据贞苅伊德研究，此条当出自原本《玉篇》，或可能说明原本《玉篇》亦本作"輆軩"，"軩"可能是讹字。

【43】《瓦部》：㼹，渠毅反。冶橐榦也。

按：《说文·瓦部》："㼹，冶橐榦也。"段玉裁改作"冶橐榦也"，并注："冶者以韦囊鼓火，《老子》之所谓橐也。其所执之柄曰㼹。"据底本所记，段玉裁所改不误。

【44】《见部》：覛，莫奚反。病人视也。

按：《说文·见部》："覛，病人视也。从见，氐声。读若迷。"段玉裁《说文解字注》："各本篆作覛，解作氐声。氐声则应读若低，与读若迷不协。考《广韵》十二齐曰：'覛，病人视皃。'《集韵》曰：'覛覛二同。'《类篇》曰：'覛覛二同。'《集韵》《类篇》覛又民坚切，训病视。盖古本作覛、民声。"《新撰字镜》作"覛"，且无"覛"字，说明《说文》原作"覛"，盖为唐代避李世民之讳改作"覛"，段玉裁所说为是。

【45】《土部》：壘，力癸反，上。重也。军辟壘也。

按：宋本《玉篇·土部》："壘，《周礼》曰：'营军之壘舍。'注云：'军壁曰壘。'"《左传·成公二年》："齐侯以爲有礼。既而问之，辟司徒之妻也。"杜预注："辟司徒，主壘壁者。""辟"可通"壁"，据《新撰字镜》抄录作"辟"，原本《玉篇》可能亦作"辟"。

【46】《土部》：垸，胡段反，去。补垸。

垸，上同。后官反，去。量名。浦〈补〉垣也。地方者处高。

按：《说文·土部》："垸，补垸。"徐锴《系传》作"补垣"。《龙龛手鉴·土部》："垸，或作垸。"《新撰字镜》"垸""垸"两字头下分别作"垸""垣"二形，说明两条释义盖由不同字书抄出，且"补垣"于汉文古字书有据。

【47】《土部》：埓，充是反。持土地。

按：《说文·土部》："埓，恀也。"段注："《广韵》曰：'埓，恀土地也。'疑所见是完本。恀土地者，自多其土地，故字从多土。"《新撰字镜》"持"当为"恀"讹。贞刘伊德认为此字头释义来源于《玉篇》。《玉篇·土部》："埓，治土地名。"与《玉篇》释义不合。《新撰字镜》盖如段玉裁所说，抄录了较早的完本。

【48】《山部》：嶰，皆买反。小山别大山。

按：《尔雅·释山第十一》："大山宫小山，霍。小山别大山，鲜。"郝懿行《尔雅义疏·释山第十一》："《文选·吴都赋》及《长笛赋》注并引《尔雅》'小山别大山'，《玉篇》云：'嶰，山不相连也。'……此正是小山别大山之嶰也。……古本'鲜'当作'解'，后人加'山'。'鲜''解'古得通借。"《新撰字镜》"嶰"正释作"小山别大山"，说明这一释义于汉文古字书当有依据，可能《尔雅》古文即作"小山别大山，嶰"。郝懿行注释当可采信。

【49】《水部》：潮，达骄反，平。淖也。

淖，奴効反，去。泥也。大也。和也。多㒸也。湿也。滑也。

按：王念孙《读书杂志·荀子第六·正论》"潮陷"条："是特奸人之误于乱说以欺愚者而潮陷之。卢云：'案，潮当作淖。'古潮字作淖，故淖误为淖，又误为潮。"《新撰字镜》以"潮""淖"为"淖"，可证王念孙所证为确。

【50】《水部》：鸸，其俱反。马右足白。

按：笺注本《切韵·虞韵》（斯 2071）："騉，其俱反。马右足白。""鸸"即应为"騉"的坏字。依据字义，"騉"不应从"鸟"而应从"马"，盖底本所引不误。《广韵·虞韵》："騉，马左足白。《尔雅》云：'马后足皆白，本作騎。'"笺注本《切韵》无"騉"字，盖"騉"即为"騉"的讹字。

【51】《金部》：錔，他帀反，入。以金银有所覆日月也。

按：《说文·金部》："錔，以金有所冒也。"王筠句读："元应引作以金银有所覆冒也。"《玄应音义》卷十四"作錔"条："錔，他帀反。《说文》：'以金银有所覆。'""日月"当为"冒"之讹。王筠之说为确。

【52】《木部》：杕，特计反。盛杕也。特也。独也。

按：《说文·木部》："杕，树皃。"段玉裁注："树当作特，字之误也。"《诗·唐风·杕杜》："有杕之杜。"毛传："杕，特也。"段注不误。

【53】《木部》：檿，丑利反，去。蚕桑也。

按：《正字通·尸部》："檿，𧕲字之譌。攴部譌作㲋。"张涌泉先生《汉语俗字丛考》："屎字《说文》作𡱂，其或体从木、尼声作柅。故𧕲自亦可写作檿。《正字通》以檿为讹字，殊非探本之论。"《玉篇·㕚部》："𧕲，蚕𧕲。"《集韵·至韵》："𧕲，蚕析曰𧕲。"又《旨韵》："𧕲，移蚕也。"

【54】《木部》：楈，先虑反。犁柄也。

按：《集韵·御韵》："楈，木为梨柄。"《集韵·鱼韵》："楈，梨也。"《集韵·咸韵》："楈，木名。"《说文·木部》徐锴引《字书》："楈，亦梨柄也。"《集韵》作"梨也"，当脱"柄"字。

【55】《竹部》：笍，征卫反。錣字。杖头有铁也。

按：《篆隶万象名义·竹部》："笍，微卫反。杖头有鐡，鍜。""笍"，《广韵·祭韵》"陟卫切"："笍，小车具也。"属知母字。"征"，《广韵·蒸韵》作"陟陵切"，属知母字。"微"，《广韵·微韵》作"无非切"，属微母字。显然"笍"反切上字应用"征"，不应为"微"。《集韵·薛韵》："笍，羊箠，耑有铁。"《广韵·鎋韵》："錣，策端有铁。"《玉篇·金部》："鍜，鍜鍜也。"《玉篇·金部》："鍜，鍜鍜，颈铠也。"可见"笍"与"錣"是同义关系，与"鍜"意义无涉。《集韵·屑韵》："铁，古作鐡。"《名义》与《新撰字镜》使用了异体字。《新撰字镜》"笍"条释义，可以校订《名义》的"笍"条释义。

【56】《鸟部》：䳼，子列反。小鹊。

按：《玉篇·鸟部》："䴇，子列切。小鸡也。"《玉篇·戈部》："截，亦作䂹。""䳼"即为"䴇"更换声符的异体字。"王二"即作"䳼"字。《广韵·薛韵》：

"鶵，小鸡。"余廼永《新校互注宋本广韵》校勘："注文鸡字，《广韵》各本同。《切三》《全王》《唐韵》作'鷞'，是也。"《正字通·鸟部》："鶵，旧注音节。小鸡此《玉篇》臆说也。小鸡不必别名鶵。《说文》篆作鶵。汎云鸟也。亦非。或曰鶵卽雀字变体音。义同。"

【57】《豕部》：豝，博家、伯加二反。牝豕也。二岁豚。

按：《新撰字镜》"豕"部从"猪"至"豪"诸字，字头排列顺序与释义和《说文》"豕"部字基本对应。这一部分应该是从《说文》中抄录而出。因此我们认为这一部分内容可以校勘《说文》"豕"部字的释义。《说文·豕部》："豝，牝豕也。从豕巴声。一曰一岁，能相把拏也。"段玉裁改"一曰一岁"为"一曰二岁豕，能相把拏者也"。《广雅·释兽》："（兽）二岁为豝。"《新撰字镜》释义作"二岁豚"，说明段玉裁所改不误。

【58】《豕部》：豛，禹赤反。猪名。

按：《说文·豕部》："豛，上谷名猪豛。从豕，役省声。"毛氏汲古阁刻本"豛"作"豛"。王筠《说文系传校录》据《五音韵谱》及《集韵》《类篇》引《说文》改"豛"为"豛"。《新撰字镜》以"猪名"释"豛"，亦可旁证《说文》应作"上谷名猪豛"。

【59】《豕部》：㺊，胡端反。豕属。

按：《说文·豕部》："㺊，逸也。"段玉裁改作"豕属也"，并注："依戴氏侗《六书故》所称唐本（改）。"据《新撰字镜》，段玉裁所改不误。

【60】《火部》：煠，士洽、徒牒二反。以菜入涌汤曰煠煮也。

按：《广韵·洽韵》"七洽切"："煠，汤煠。"周祖谟校释："黎本作士洽切，与故宫本、敦煌本、王韵、唐韵合。玉篇亦音士洽切。"《新撰字镜》亦云"士洽切"。

三、《新撰字镜》与古汉语字词考释

《新撰字镜》以《一切经音义》为蓝本，汇集了《说文》《玉篇》《切韵》等多种汉文古字书材料，但其中有很多词义的记载，均不见于汉文字书，可能是保留了散佚的字书或训诂材料。因此，《新撰字镜》对古汉语字词考释具有重要的价值。

【1】臘

《新撰字镜·肉部》："臘，主式反。头垢也。"汉文古字书和训诂材料均不载"臘"有"头垢"之义，但文献中"臘"有此义。

王夫之《诗经稗疏一·郑风》："（兰花）其采置髪中令头不臘。"《大藏经·佛果圜悟禅师碧巖录》："拈却臘脂帽子，脱却鶻臭布衫。"

"臘"有"头垢"之义，"臘"与"䐈"应是异体关系。《广韵·职韵》："䐈，《仪礼》作臘。"《周礼·考工记·弓人》："凡昵之类不能方。"郑玄注："䐈，亦黏也。"贾公彦疏："若今人头发有脂膏者则谓之䐈。"可见"臘"在文献中确有"头垢"之义。

【2】飃

《玉篇·风部》："飃，似立切。风也。"《玉篇》对"飃"的释义不明确。《新撰字镜·风部》："飃，似立反。谷风习和日。"此条当引自原本《玉篇》，释义当有脱讹："日"或为"曰"讹。当作"谷风习和曰飃"，"飃"当为"习"的后起分化字。《诗·邶风·谷风》："习习谷风。"毛传："习习，和舒皃。"《玉篇》"飃"字释义作"风也"，当是抄录原本《玉篇》造成的脱漏所致。

《名义·风部》此字头重出，如："飃，似立反。大也。""飃，似立反。和皃。"胡吉宣《玉篇校释》"飃"条："《广韵》入声廿六缉云：'飒飃，大风。'案此亦具二义：一者和风，即《诗》'习习谷风'之'习'；二者大风，飒飃叠韵成义。"胡吉宣所言，与我们的结论一致。

"飃飃"在典籍中表示"和风"之义亦有明证：《上方天尊说真元通仙道经·洞真元道之章》："祥飇飃飃兮，动襟袖而鸣珮玉。"《书画汇考·王孟端墨竹并题卷》："雨霏霏，风飃飃，寒光闪烁虬龙升。"

【3】眲

《广韵·真韵》："眲，马兽惊皃。一曰疾也，引目也。""疾"和"引目"的意思毫无联系，也无引申的可能，似不应该出现在一个义项中。

晁补之《北渚亭赋》："萩杨眲以如箒，抚千里于一眲，收城郭乎环堵其下。"句中的"抚千里于一眲"，"眲"无论解释为"疾速"还是"张目"，都不是特别恰当，这里应该指的是千里的风景，一眼看尽。所以"眲"明显有睁开眼睛快速看的意思。

柳宗元《又祭崔简旅櫬归上都文》："楚之南，其鬼不可与友。躁戾佻险，睒眲欺苟，脄贱暗旮，轻罍妄走。"童宗说注："盺，张目。"《说文·目部》："睒，暂视皃。"《类篇·目部》："睒，视速皃。""盺"与"睒"连用，其结构与"躁戾""脄贱""轻罍"一样，都是同义连用，"盺"恰有"视速"之义，这里是指看人的神态轻慢不庄重。如按童注，则不知"盺"在文中是何意思。

《新撰字镜·目部》："盺，之刃反，去。张目疾视也。"《新撰字镜》解释为"张目疾视也"，应该是保留了正确的解释。《集韵》之前的材料，可能就是将"疾引目"这一条注释割裂成了两条，被《集韵》误收在一起。后代的注释家，也依据《集韵》的解释强为之解。

【4】飇

《新撰字镜·风部》："飇，甫越反。疾皃。发也。"《玉篇·风部》："飇，疾风。"《广韵·末韵》："飇，风皃。"各本皆不见有"发"的释义。卢仝《月蚀诗》："封词付与小心风，飇排阊阖入紫宫。"文渊阁四库全书本"飇"作"越"，正与"发"的"启程""离开"义相合。

【5】嚊、嚄

享和本《新撰字镜·口部》："嚊，胡彦反，入。喷，叫声也。"保孝改字头为"嚄"，注："嚄，原作嚊，麦作彦，今并校正。"冈本保孝认为"嚊"是"嚄"的误字。这对于我们理解《法言·问神》篇中一句话具有重要的启发价值。

《法言·问神》："捈中心之所欲，通诸人之嚊嚊者，莫如言。"李轨注："嚊嚊犹愤愤也。"按照李轨的解释，"通诸人之嚊嚊者"，就是用语言表达心中的愤懑之情，这与上文显得重复，都是用语言表达内心所想。理解似乎不确。

《集韵·穆韵》："嚊，愤也。"《广韵·麦韵》："嚄，胡麦切"。《玉篇·口部》："嚄，嚄喷，叫呼。"

汪荣宝《法言义疏·卷八》："'通诸人之嚊嚊'者，《音义》：'嚊嚊，音即刃切。俗本作"嚄嚄"，误。'按：宋、吴本作'嚄嚄'，此音义以为俗本者。然音义引俗本，往往有古音古义存其间，转较胜其所据本。嚊、嚄形近易误。……法言多韵语，今以声韵求之，颇疑作'嚄嚄'者为合。"

汪荣宝认为"嚊"字当作"嚄"。我们进一步认为，"嚊"与"嚄"实为一字，"嚊"为"嚄"的误写讹字。《集韵》的释义，其实是受了李轨注释的误导。从汪荣宝的注释可知,《法言》确有两个版本作"通诸人之嚖嚖者",且音韵相合。从文义上来看,"通诸人之嚖嚖者"与前一句"捈中心之所欲"相对成文,前一句是说将心里所想用语言表达出来,后一句是说用语言来表达感慨、叹息之声。这样文意上下呼应,自然连贯。

从保孝本的这条材料可以看出,字书中"嚖"的释义,字头已经讹为"嚤",而保留了"嚖"的"胡麦反"的注音。《集韵》以前的文献材料没有"嚤"字。后代的《集韵》,大概就是受到前代的字书和李轨的《法言》注等材料的影响,才收入了"嚤"字,并误以为是从"尽"得声,释义也改为"愤也"。冈本保孝的注释,进一步证明"嚖""嚤"实为一字。

【6】欙、欙、樗

《尔雅·释草》:"欙,橐含。"郭璞注:"不详。"《字汇补·木部》:"欙,音未详,草名。《尔雅》:'欙,含。'"关于"欙"释为"橐含",钱大昕在《潜研堂文集》卷十《答问七》中有一段解释:"问:欙,橐含之义。曰:此当连下华荂为一句。'欙'当为'樗'。《说文》'樗'即'樗'之异文,读若华,故与华同训。'橐'当为'槀',读胡感切。《说文》:'槀,木垂华实。''槀'与'橐'字形相涉而讹耳。'含'与'弓'同。《说文》:'弓,艸木之华未发函然,读若含。'此三者皆华荂之别。"《说文·木部》:"樗,木也。以其皮裹松脂。从木,雩声。读若华。樗,或从蕚。"《字汇补》将"樗"误作"欙",有字书的证据。但是认为"欙"当为"樗"未加考证,因而"欙"与"樗"的关系也不能建立。

享和本《新撰字镜·木部》:"樗,欙字。"保孝本作"樗字"。可见"欙"即"樗"的俗字,应是"樗"讹作了"欙"。

【7】䏑

䏑,传世字书均解释为"肠间的脂肪"。《说文·肉部》:"膫,牛肠脂也。䏑,膫或从劳省声。"《汉语大字典》(第二版)即作此解释,并征引文献《新唐书·礼乐志一》:"诸太祝取肝、䏑燔于炉,还尊所。"但是,这就有两点疑问:其一,为什么要把肠间脂肪和肝脏并提?其二,肠间脂肪烧完之后怎么还能归还?因此,《新唐书》中"䏑"解释为"肠间脂肪"显然不合适。

《新撰字镜·肉部》:"䏑,肾。""䏑"作"肾脏"讲,放在《新唐书》原文中则非常合理。

【8】眂、眲

《类篇·目部》:"昏,视也。或书作眂。"《广韵》作"常利切"。《字汇补·目部》:"眲,余律切。视也。""眂""眲"当为一字。"氏"及从"氏"的字,在古文字中作 ᄃ（氏:包山简,13）、ᄃ（毕:中山矦钺）、ᄃ（毕:诅楚文）等形,是"眲"右半构件的隶定形体的来源。《新撰字镜·目部》:"䀩,大役反。眂字。"底本字形作䀩,与"眲"是一字。

《新撰字镜》明言"眂""眲"为一字,可证"眲"是"眂"古文字形体隶定不同而成的。《字汇补》中"眲"作"余律切",应是误认为从"役"得声而后加的反切注音。

【9】枂

《集韵·阳韵》:"枂,及也。"张自烈《正字通·卷四·手部》:"枂,拐扣之讹。旧注音襄。训及,非。"《说文·手部》:"拐,折也。从手,丹声。"《广韵·没韵》:"扣,户骨切。牵物动转。"《正字通》言"枂"为"拐扣之讹",一则读音不合,二则"拐""扣"两字音义皆无联系,不知《正字通》所指为二者哪个字形之讹。显然,《正字通》仅仅是就形体近似做出的猜测,并无依据。

《新撰字镜·目部》:"枂,正小良反,平。视也。质也。向也。背也。借息高反,去。助也。辅也。在木部。"其中反切下字"高"当为"亮"字之讹。显然,"枂"为"相"的讹字。《广韵·漾韵》:"相,息亮切。助也。"《说文·目部》:"相,省视也。"竹林君士编《佛教难字字典·目部》正将"枂""眪"二字作为异体字形列于"相"字之下,更可确知"枂"为"相"的俗字,且在佛经类著作中流行。

【10】瞲䀫

《新撰字镜·目部》:"瞲,丁结反,入。又于玦反。䀫。又目深儿。"此条有错讹。"䀫",《广韵》作"呼决切",《新撰字镜》作"于玦反",不是"瞲"的又音,而应为"䀫"的读音。"瞲"与"䀫"当连读,"瞲䀫"训作"目深儿"。

《玉篇》:"瞲,瞲䀫,恶儿。"《说文》:"瞋,目深儿。从目、𥧲。读若《易》曰'勿𥧲'之𥧲。"大徐本反切作"于悦切"。《集韵·屑韵》:"瞋眣,目深儿,或省。""䀫""瞋""眣"为异体字的关系。"瞲䀫"又可作"眣眣""瞲眣"等形。"瞲䀫"

的"恶兒",是由"目深兒"引申而来的。人或动物眼目凹陷,就给人凶狠的感觉。如《青箱杂记》:"凡眢𥈠唊嗫者,嫉妒人也;盱睢矘䁳者,恶性人也。"皇甫湜《东远赋》:"状貌群分,头角万殊。渠股反舌,虫声鬼躯。面绿眼青,矘䁳远纡。"

【11】嚚

嚚,古代字书中主要有两个义项:《说文·㗊部》:"嚚,语声也。"《玉篇·㗊部》《广韵·真韵》:"嚚,愚也。"在随文而注的训释材料中,还有"奸诈"的义项。《尚书·尧典》:"嚚讼可乎?"孔安国传:"言不忠信为嚚。"《新撰字镜·口部》:"嚚 鱼巾反。又臣音。恶也。愚也。"保留"嚚"有"凶恶""残暴"之义。

古代字书和训诂材料都没有训释"嚚"有"凶恶""残暴"的意思。但历代文献中,"嚚"作"恶"义的材料常见。注释家由于受前代注释材料的影响,往往以"言不忠信"为训,造成释义的不准确。

《史记·五帝本纪》:"舜父瞽叟顽,母嚚,弟象傲,皆欲杀舜。舜顺适不失子道,兄弟孝慈。欲杀,不可得;即求,尝在侧。"只能是凶恶、残暴的意思。《春秋左传正义·文公十八年》:"昔帝鸿氏有不才子,掩义隐贼好行凶德。丑类恶物,顽嚚不友,是与比周。"疏:"掩盖义事而不行,隐蔽其外而阴爲贼害也。其有凶丑之类秽恶之物。心顽而不则德义之经,口嚚而不道忠信之言。"这里"嚚"如作"不道忠信之言"解释,就与前文的"行凶德""丑类恶物"在程度上相差甚远,文意很难贯通,也应作凶恶、残暴的意思。

魏仲举编《五百家注音辨柳先生集·时令论》:"是故圣人为大经以存其直道。将以遗后世之君臣,必言其中正而去其奇衺。其有嚚然而不顾者,虽圣人复生无如之何,又何册书之有?若陈隋之季,暴戾淫放则无不为矣。"原书"嚚"字下注:"韩曰:'《说文》云:"嚚,语声也。"左氏:"口不道忠信之言为嚚。"'嚚,鱼中切。"这则材料更加明确,"嚚然而不顾者",应该就是指前文的"奇衺"之事,也是后文的"暴戾淫放"之事。原文"嚚"下注,将《说文》和《左传》杜预注同时列出,而这两则材料相差甚远,也说明引注者在这两条注释中难以抉择。实际上这两条注释都不能正确解释文中"嚚"的含义。

【12】呰窳

《辞源》对"呰窳"的解释是"苟且懒惰"。《史记·货殖传》:"地势饶食,无饥馑之患，以故呰窊偷生，无积聚而多贫。"《汉书·地理志下》作"呰窳"，注："呰，短也；窳，弱也。言短力弱材，不能勤作，故朝夕取给而无储偫也。"《新撰字镜·口部》："呰，兹此、姊西二反。凹也。""呰"字条，《新撰字镜》明确说明出自《切韵》。这部分材料可靠性较高。据此，我们可以对"呰窳"成词理据及引申过程做一个新的梳理。《说文·穴部》："窳，污窬也。"段玉裁注："污窬，盖与污衺同，亦谓下也。""窳"的本义是"凹陷""低下"。《说文·此部》："呰，窳也，阙。""呰"的本义也是"凹陷""低下"，《切韵》在解释"呰"义时，为了明白易懂，将释义换作了"凹也"，但是这个释义长期散佚，以致后代字书、注释对"呰"的本义不甚清楚。《方言》卷十："呰，短也。"《集韵·荠韵》："呰，弱也。"这些都是由"凹陷"意义引申而来的。"呰窳"一词实际上是同义的两个语素连用成词，本义也是"低下"。揭傒斯《重修全州学记》："全居湖南九郡之极，地小而巖，风气呰窳。"这里的"风气"是指"气候"，"风气呰窳"是指全州气候恶劣。北宋华镇《云溪居士集·御戎论》："汉兴以来，屈义礼之邦，下荒陋之俗；俯盛大之势，接微弱之国；蓄精锐之才，纵疎懦之敌；偃犀利之器，避呰窳之锋。""呰窳之锋"应指驽钝的武器，"呰窳"有"不精良""质量差"的意思，这些意思都是由"凹陷""低下"的本义引申而来的。而"苟且懒散"义则是由"不精良""质量差"的意义进一步引申而来的。

【13】聎

《玉篇·耳部》："聎，耳鸣也。"《广韵·肴韵》："聎，耳中声。"《集韵·爻韵》："聎，聎聎，声扰耳。"《汉语大字典》将《玉篇》《广韵》的释义立为一个义项，解释为"耳鸣"；将《集韵》的释义另立一个义项，解释为"噪音扰乱听觉"。并且引用了书证：明谢肇淛《五杂组·事部》："至于婢使奴隶，各为其主，怨尤谗聎，无所不至。"这两个义项实则是相同的，都是指"耳鸣"。《汉语大字典》引用书证不确，"怨尤""谗聎"二者并列，"怨尤"指抱怨、不满的言语，"谗聎"指谗言、坏话。

《新撰字镜·耳部》："聎，助交反，平。恶声也。"正印证了"聎"有谗言、坏话的意思。

【14】惄

《说文·心部》："惄，饥饿也。一曰忧也。从心，叔声。《诗》曰：'惄如朝饥。'"段玉裁注："饿当作意。"古代文献中未见"惄"作饥饿讲的用例。《诗经·周南·汝坟》"未见君子，惄如朝饥"中"惄"也是忧愁之义。从词义引申的角度来看，如由"忧伤"引申为"饥饿"，即从抽象到具体的引申方式，也不符合汉语词义引申的一般方式。

《新撰字镜·心部》："惄，女狄反，入。思也。饥心也。""饥心"应该就是忧心劳神、心神不宁的意思。这在古代文献中也能找到用例，如：明罗钦顺《整庵存稿·潜江大尹二休萧先生像赞》："式膺一命之荣，昭受百里之寄。时当多事政，尤谨于废兴。岁且荐，饥心克殚于抚字。"元朱震亨《伤寒金匮·五藏风寒八》："心液消耗空洞虚馁，故心中常饥。"据《新撰字镜》的解释，《说文》的解释可能是将"饥心"的意思在辗转传抄的过程中误分成了"饥饿""心忧"两个义项。

【15】䩨

《玉篇·皮部》："䩨，射䩨。或作捍。"《礼记·内则》："右佩玦，捍。"郑玄注："捍，谓拾也，言可以捍弦也。"《广雅·释器》："拾、捍、韝，韎也。"王念孙《广雅疏证》曰："拾、捍、韝皆谓遂也，着于左臂所以扞弦也。"

《新撰字镜·皮部》："䩨，古岸反。射弓时调度也。"扞、捍、䩨音义皆同，是异体字的关系。《新撰字镜》的解释，明确了"䩨"的功能，就是射箭时戴在左臂，用以控制弓弦的，这也具体解释了郑玄注释"可以捍弦"的含义。

【16】氋

《说文·毛部》："氋，以氀为纗，色如虋，故谓之氋。"《广韵·魂韵》："氋，赤色罽名。"传统字书认为"氋"是一种以氀毛编织的毡垫。

《新撰字镜·毛部》："氋，莫昆反。氀衣也。"《新撰字镜》认为是氀毛编织的衣物。《北史·契丹传》："灵太后以其俗嫁娶之际以青氋为上服。"可知"氋"亦可作衣服义解。

【17】妯娌

《新撰字镜·女部》娌："力己反，上。弟妻，又兄妻为妯。"

汉文古字书皆不言"妯"为"兄妻"、"娌"为"弟妻"的分别。《集韵·屋韵》引《方言》："妯，今关西兄弟妇相呼为妯娌。"《汉书·郊祀志上》："见神于先后宛若。"颜师古注："古谓之娣姒，今关中俗呼为先后，吴楚俗呼之为妯娌。"《尔雅·释亲》："长妇谓稚妇为娣妇，娣妇谓长妇为姒妇。"郭璞注："（姒妇、娣妇），今相呼先后，或云姎娌。""姎娌"为"娣姒"的方言俗称，可见拆解仍应各有意义。《新撰字镜》的解释应有其依据。

【18】紌

《改併四声篇海·糸部》引《类篇》："紌，音几。"《字汇补·糸部》："紌，义阙。"

《新撰字镜·糸部》："纂，紌绳曰纂。"《残卷》："索，紏绳曰索。"《新撰字镜·糸部》："紌紏，同。居柳反。绳三合曰紌，大曰索，小曰绳。"《集韵·黝韵》："纠，《说文》：'绳三合也。'或作紏。"可知"紌"即"紏"的讹写，"紌""紏"并同"纠"。"音几"是"紌"字误作形声字而给的读音。

【19】荒丝

明代记录社会经济的档案、文献中，频繁出现"荒丝"一词：

荒丝壹拾柒万两。（明张学颜《万历会计录》卷一《十三司分理各省直田粮岁额岁入岁出总数·浙江清吏司·岁入·浙江布政司》）

荒丝陆千三百叁拾叁斤三两。（明张学颜《万历会计录》卷十《四川布政司田赋·原额·弘治年间》）

连江县荒丝：一百五十斤；弓：一百五张；弦：二百二十五条；箭：二千六百七十枝；杂皮：二百五十张；翎毛：九千五百根；翠毛：八个；军器料银：一百六十二两二分四毫九丝六忽四微。（明黄仲昭《八闽通志》卷二十《食货·土贡·福州府》）

买办麝香、生铜、荒丝等物。（《明实录·明仁宗昭皇帝实录》）

以上文献中"荒丝"究竟为何物，目前没有看到相关的解释。

《新撰字镜·糸部》："絑，色鱼反。絑葛也。料也。织荒丝也。"《说文新附·糸部》："絑，布属。"《集韵·鱼韵》："絑，綌属。"《玉篇·糸部》："絑，纺粗丝。"

《新撰字镜》用"荒丝"对应《玉篇》中的"粗丝"，可见二者是异名而同实。在汉语词汇中，一个词兼有名词和动词两种词性，动词意义往往可以表示和名词义相关的动作行为。"粗丝"当指用苎麻、葛等粗纤维植物所纺成的丝线，这即为"荒丝"的意思。这种丝线是制作弓弦的重要原料。《天工开物·佳兵》第十五"弩"："凡弩弦以苎麻为质，缠绕以鹅翎，涂以黄蜡。"因此《八闽通志》中将其与弓箭及制作弓箭的原料并提。

传世文献中有"黄丝"一词，意义与"荒丝"相同，可能是"荒丝"的音近误写字形。《吴越春秋·勾践归国外传》："乃使国中男女入山采葛，以作黄丝之布，欲献之。""黄丝"正是葛做成的丝线名。

【20】罯

《篇海类编·器用类·网部》："罯，去员切，音圈。"张涌泉先生《汉语俗字丛考》："此字当是'帣'的讹俗字。"《玉篇·冃部》："帣，小儿帽。"《广韵·仙韵》："帣，小帻。"

《新撰字镜·冈部》："罯，丘员反，平。小帻。"说明"罯"确为"帣"的形变字。

【21】醖

《汉语大字典》（第二版）酉部以"醖"为"酛"的讹字。四部丛刊本《墨子·备穴》："盖持醖，客即熏，以救目。……即熏，以自临醖上。及以泪目。"孙诒让《间诂》："盖持醖。苏云：'据文义当作"戒持醖"，"醖"或"酛"字之讹。'俞云：'"醖"疑"酛"之坏字。'诒让案：'……此"醖"即"酛"之误，下并同。醯盖可以御烟，《春秋繁露·郊语》篇云："人之言酛去烟。"今本《繁露》"酛"作"酝"，亦字之误。'"《汉语大字典》以"醖"为"酛"的讹字，即源于孙诒让的意见。

孙说有两点问题：第一，认为"醖"为"酛"的坏字，从字形上看不是非常贴切；第二，孙氏认为《春秋繁露》中"酝"也是"酛"的讹字，于古代典籍文献没有依据。《春秋繁露》现存各种刻本及《佩文韵府》《类书集成》引《春秋繁露》均作"酝去烟"。

《新撰字镜·酉部》："醖，莫公反。浊酒也。"《集韵·东韵》："醗，醯醗，浊酒也。或作醸。"《新撰字镜》"醖"作"莫公反"与《广韵》"醗"作"莫红反"，古音相同。"醖"应为"醸"的坏字，"醸"即"醗"字。《说文》："酝，酿也。""酝"有"酿造"义，引申有"酒"的意思。《文选·王僧达〈答颜延年〉》："春醖时献斟。"刘良注："醖，酒也。""醖""酝"是异体字的关系，故而"醗"与"酝"义近。《墨子》中"盖持醖"的"醖"解释作"酒"，整句话的意思是在隧道中多准备些浊酒，如果烟熏到了眼睛，把眼睛靠近盆，用浊酒冲洗。正好与《春秋繁露》中"人之言酝去烟"

的记载相合。说明古代有以酒御烟的记载,而尚未见以醋御烟的记载。

【22】駪駪

"駪駪"原指马多,引申可泛指众多之义,古代字书只记载了这两个意思。《说文·马部》:"駪,马众多皃。"《广韵·臻韵》:"駪,马多。"《诗经·小雅·皇皇者华》:"駪駪征夫。"毛传:"駪駪,众多之貌。"朱熹集传:"駪駪,众多疾行之貌。"段玉裁《说文解字注·马部》:"駪,《皇皇者华》云:'駪駪征夫。'传曰:'駪駪,众多之皃。'按:毛不言马者,以《诗》言人也,其引申之义也。"古代字书、传注中注意到"駪駪"由"马众多"之义引申为"众多"之义,符合词义引申的一般规律。

《新撰字镜·马部》:"駪,所巾反。闹乱也。马多也。"《新撰字镜》记载"駪"有"闹乱"义,词义很容易由"众多"义引申而来。

《御选明诗（文渊阁）》卷八"乐府歌行五"郑瑗《独不见》:"高山无蹊河无津。车粼粼,马駪駪,车马纵横徧城闉,独不见意中人。"此诗中"駪駪"虽还为"众多"之义,但已经明显有"多而乱"的意思。

明曹学佺《石仓历代诗选（文渊阁）》卷四百四十一"明诗次集七十五"陈焷《思母》:"征夫日駪駪,王事忧靡盬。孤云何处来,悠扬自轻举。"这首诗显然不是仅仅描述征夫人数多,而是强调每天都很慌乱、愁苦。

明张溥《汉魏六朝百三家集》卷一百五"陈江总集"《赠贺左丞萧舍人》:"离羣徒悄悄,征旅日駪駪。黄河分太史,一曲悲千里。""駪駪"与"悄悄"相对,其义是在征战途中,每日事务纷杂、混乱。

【23】輲

《新撰字镜·车部》:"輲轻,同。齿缘反。运车也。小车也。有辐曰轮,无曰輲。"

汉文古字书及训诂材料没有明言"轻"有"小车"之义,但在古书中,"轻"的"小车"义习见。《说文·车部》:"轻,蕃车下庳轮也。从车全声,读若馔。一曰无辐也。"段玉裁注:"庳者,屋卑也。因以为凡卑之偁。藩车而下为卑轮,盖所谓安车,轮卑则车安矣。"

《礼记·杂记上》:"载以輲车。"郑玄注:"輲,读为辁,或作槫。"《礼记·杂记》:"载以輲车,入自门至于阼阶下而说车。"郑玄注:"辁,崇盖半乘车之轮。诸侯言不毁墙，大夫士言不易车，互相明也。"

"辁车"为装载灵柩之车，其特征就是轻小。郑玄注指明其形制为乘车的一半，用辒车装载灵柩入家门时不毁墙、不换车，都因其形制较小的原因。"辁"又引申为"小""轻"之义。《庄子·外物》："已而后世辁才讽说之徒，皆惊而相告也。""小""轻"之义也是由"小车"的意思引申而来的。

【24】壑、窀

《说文·土部》："窀，囱突出也。"《广韵·曷韵》："窀，苦骨切。《说文》曰：'囱突出也。'本胡八切。"《改并四声篇海·土部》引《川篇》："壑，苦骨切，突也。"

《新撰字镜·土部》："壑，胡八、口没二反。囱突出也。""壑"当为"窀"的异体字。《改并四声篇海》引《川篇》的释义疑有脱文。

【25】嵽嵲

《玉篇·山部》："嵽，嵽嵲，小而不安皃。"《玉篇》解释"嵽嵲"为"小而不安皃"，于词义引申规律和事理俱不相和。"嵽嵲"有"高山"义，见于汉文古字书和文献资料。《广韵·屑韵》："嵽，嵽嵲，高山。"杜甫《自京赴奉先县咏怀诗》："凌晨过骊山。御牀在嵽嵲。""嵽嵲"有"高山"义，高大的事物往往会引申出"危而不安"之义，而"小而不安"不和事理。《六书故·地理二》："嵽嵲，徒结切。嵲，五结切。嵽嵲，山突兀危貌。顾野王曰不安也。孙愐曰山髙也。"《六书故》的解释，恰好说明"嵽嵲"本义是山高而危，其引顾野王曰"不安"，也是"高而不安"之义。盖因《残卷》只作"不安"，后人误加为"小而不安"。

《新撰字镜·山部》："嵲，牛结反。嵽嵲，高不安皃。"恰好印证《六书故》的解释，证明"嵽嵲"为"高而不安"义。

由山峰的"高而不安"，也容易引申为其他物体因高而不稳定之义。《寒山诗》："装车竞嵽嵲，翻载各泷涷。"这也符合"嵽嵲"一词的引申途径。

【26】瑼

《新撰字镜·玉部》："瑼，口耕、苦还二反。坚也。玉也。"享和、群书本作："口耕、苦还二反。坚也。强固之皃。玉名。"《龙龛手鉴·玉部》："瑼，俗，口耕切。"《慧琳音义》卷九十一"铿然"条注引《声类》："铿，坚也。"《广韵》"铿"作"口茎切。""瑼"应为"铿"的换符俗字。

【27】 瀱

《集韵·祭韵》："瀱，盖也。"《新撰字镜·水部》："瀱，乙烈反。微也。清也。堨字。"

《新撰字镜》记录"瀱"为"堨"字，为纠正《集韵》的释义错误提供了线索。《文选·班固〈西都赋〉》："轶埃堨之混浊，鲜颢气之清英。"李善注："许慎〈淮南子〉注曰：'堨，埃也。堨与壒同。'"《说文新附·土部》："壒，尘也。"《集韵》"盖也"当为"壒也"之讹。"壒"为影母泰韵字，"瀱"为影母祭韵字，二字古音可通，盖以"瀱"为"壒"的假借字。

【28】 鐁

《广韵·换韵》："鐁，烧铁灸也。"周祖谟校勘："灸，敦煌《王韵》作'久'，《集韵》同。"《广韵·缓韵》："鐁，款鐁。"周祖谟校勘："鐁，段改作缝，与《切三》及五代刻本韵书合。"

《新撰字镜·金部》："鐁，苦管反。鐁缝字。烧铁灸也。"颜师古《匡谬正俗》卷六："鐁。问曰：'今官曹文案于纸缝上署记谓之款缝者，何也？'答曰：'此语言元出魏晋律令。《字林》本作'鐁刻'也。古未有纸之时，所有簿领皆用简牍。其编连之处恐有改动，故于缝上刻记之。承前已来呼为鐁缝。今于纸缝上署名，犹取旧语呼为鐁缝耳。此义与款不同，不当单作款字耳。'"《晋书·景帝》："清商令令狐景谏帝，帝烧铁灸之。"可证"烧铁灸"的说法古已有之，其义为把烙铁烧热，用以熨烫其他物品，留下印记。这与《匡谬正俗》中所记"鐁缝"的含义是密切相关的，后者当是前者的引申。故此，"鐁"字释义，《广韵》作"烧铁灸"，段玉裁改作"款缝"为确。《汉语大字典》（第二版）"鐁"字下第一个义项作"烧铁久"，就是不明《王韵》释义有误，相因承袭而致误的。

【29】 铲

《说文·金部》："铲，鏶也。一曰：平铁。"段玉裁注："谓以刚铁削平柔铁也。"徐灏注笺："平铁者，平木器之铁也。"《六书故·地理一》："铲，状如斧而苶其刃，所以铲平木石者也。"古代典籍中未见"铲"专指修整铁器，更难成为一个义项保留在字书中。因此段玉裁之说可疑。《一切经音义》引《说文》释义亦作"平铁"。《玄应音义》卷十六"若铲"条："叉苋反。《说文》：'一曰平铁也。'《广雅》谓之铲。《苍颉篇》：'削平也。'"《广韵·谏韵》："铲，削木器。"

《新撰字镜·金部》："铲，初雁反。削也。又上。平木铁也。"《新撰字镜》释义作"平木铁"，沟通了《说文》和《广韵》的释义，其义正如徐灏所注，为"平木器之铁"。盖《说文》的释义脱"木"字所致。

【30】枯

《说文·木部》："枯，木也。从木，占声。息廉切。"段玉裁注："未详。"《广韵》"枯"字两见。一在侵韵，作"知林切"，同"椹"，二作"息廉切"，《广韵·盐韵》："枯，木名。"后者应从《说文》释义相承而来。《说文·木部》："䈇，炊竈木。从木舌声。"段玉裁注："今俗语云竈橃是也。……䈇、䛯、銛等字皆从丙声。"《新撰字镜·木部》："枯，息廉反。炊竈木。"《新撰字镜》"枯"字的反切和释义，恰是"䈇"字的反切和释义，说明"枯"作"息廉切"的音义，是"䈇"的讹字。但这一线索在古代字书中不存，《说文》编纂、流传的过程中改作"木也"，导致段玉裁不明原因，注释"未详"。顾广圻《说文辨疑》："䈇，《校议韵会》廿九艳引篆体作'枯'。云：'炊竈木，从木，占声。'又引徐曰：'添竈木也。'盖小徐原本䈇篆作枯，而无柏机下之枯。今张次立以大徐补。"顾广圻首倡"枯"为"䈇"的讹字，《新撰字镜》所记恰是明证。

【31】樊

《汉语大字典》（第二版）火部以"樊"为"焚"的讹字，其依据为段注《说文》。《说文·火部》："樊，烧田野。"段注改字头作"焚"，注："各本篆作樊，解作从火棥，棥亦声。今正。按，《玉篇》《广韵》有焚无樊，焚，符分切。……份古文作彬，解云焚省声。是许书当有焚字。况经传焚字不可枚举，而未见有樊，知火部樊即焚之譌。"《集韵》两见"樊"字，一作"符分切"，与"焚"同作，二作"符袁切"，释义引《说文》作"烧田也"。《集韵》的解释有个矛盾之处：从释义来看，两个"樊"显然都是"焚"的意义，但是为何一个作"符分切"，另一个作"符袁切"？

《新撰字镜》火部有两个字头：1. 樊，辅园反。驿字也。2. 樊，上字。竉。边也。《玉篇·丱部》："樊，今作樊。"

《玉篇·马部》："驿，驿駐，止也。或作樊。"《玄应音义》卷二十三"樊笼"注："樊即笼也。"《广韵·元韵》："樊，樊笼。"《广雅·释言》："樊，边也。"据此，

"樊"当为两字之讹误,一为"焚"的讹字,二为"樊"的讹字。《新撰字镜》:"樊,上字。竉边也。""竉"当为"笼"讹,其后当脱"也",应作:樊,上字。笼也。边也。《集韵》所收"符袁切"的"樊",即应为"樊"的讹字,盖因为编纂时释义缺失,强引《说文》释义,造成音义不合。《三国志·魏志》:"八月,表卒,其子琮代,屯襄阳,刘备屯樊。"四部丛刊《经进东坡文集事略·前赤壁赋》:"方其破荆州下江陵。"注云:"……其子琮代屯襄阳,刘备屯樊。"正是"樊"为"樊"讹字的明证。

【32】唐棣

《尔雅·释木》:"唐棣,栘。"郭璞注:"今白栘也,似白杨,江东呼夫栘。"《诗·召南·何彼襛矣》:"何彼襛矣,唐棣之华。"毛传:"唐棣,栘也。"旧说以"唐棣"为"栘"。"唐棣"究竟为何物,各家说法不一。归纳起来,主要有两种说法:一是以为似白杨类的植物,以上文郭璞注为代表。另一说为郁李类植物,《论语·子罕》:"唐棣之华,偏其反而。"邢昺疏引陆玑云:"奥李也。一名雀梅,亦曰车下李。所在山皆有其华,或白或赤。六月中熟,大如李子,可食。"《说文·木部》:"栘,棠棣。"段玉裁注:"……皆即今郁李之类,有子可食者,《小雅》'常棣'、《论语》逸诗唐棣,实一物也。……《古今注》云:'栘杨亦曰栘柳,亦曰蒲栘,圆叶弱蒂,微风善摇。'此正今之白杨树,安得有翩翩偏反之㚊耶,因一栘字掍合之。"段玉裁赞成"栘"为"郁李",因为白杨树无花。清徐珂《清稗类钞·植物类下》"枎栘"条:"枎栘为落叶乔木,干高一二丈,叶为椭圆形,面有白毛。春暮开白花,五瓣,狭长。实赤色,大如小豆。旧说谓即唐棣,或云与白杨同类异种,博物学家属之蔷薇科。"

李时珍《本草纲目·木二·枎栘》:"陆以唐棣为郁李玑者,误矣。郁李乃常棣,非唐棣也。"已指出陆玑误会了"唐棣"与"常棣"之别,因此误认为"唐棣"为"郁李"之类。

享和本《新撰字镜·木部》:"栘椵杝,三形同。弋支反。栘枎。""椵"应为"椴"的形近讹字。享和本《新撰字镜·木部》:"椵,徒馆反。枥也。似白杨也。""椵"反切作"徒馆反",释义作"似白杨",显然应该是"椴"的讹字。《尔雅》的不同刻本中,"椵""椴"两字互讹的情况就相当普遍。《尔雅·释草》:"椴,木槿。"唐石经本、雪牕本"椴"讹作"椵"。《新撰字镜》以栘、椴、杝三形为异体关系,为我们讨论"栘"的意义提供了重要线索。

《集韵·支韵》余支切："柂柂，木名。《尔雅》：'椵，柂。'或作柮。"此处引《尔雅》的"椵"，即为"椴"的讹字。《集韵·支韵》余支切："栘，《说文》'棠棣也。'""栘"与"柂"读音完全相同，当为"柂"的通假字。《尔雅·释木》："椴，柂。"郭璞注："柂，白椴也。树似白杨。"

可见"栘"即白椴，属于椴树的一种。据《中国植物志》记载，白椴树皮灰白色，叶卵圆形，萼片长5-6毫米。果实球形，无棱，被星状柔毛。其形态与《古今注》和徐珂在《清稗类钞》中的描述大体一致。古代字书皆言椴树"似白杨"，并未说就是白杨树。椴树与白杨树形态相似，但白椴开白色五瓣小花。而且白椴所开小花，形态与桃花相似。《诗·何彼襛矣》："何彼襛矣，华如桃李。"与郭璞所说"似白杨"亦不矛盾。

李时珍《本草纲目·木二·扶栘》："（唐棣）主治去风血，脚气，疼痹，腕损瘀血，痛不可忍。"现代中医亦认为白椴的药效主要是活血化瘀，用于治疗跌打损伤。从药性的角度而言，唐棣亦和白椴相合。

【33】昊

《新撰字镜·天部》："昊，苦并反。瞿字。"《新撰字镜·连字》："昊然，古并反。举目惊视也。好皃。"

《龙龛手鉴·天部》："昊，苦广反。昊然，举目。又好皃也。"《正字通·目部》："昊，旧注苦矿切。音恐。好也。按《六书统》'矘'或作'昊'。斜视也。从天者大之譌也。改音恐，非。"《龙龛手鉴·目部》："昊"，"䁓"的俗字。

《说文·䁓部》："䁓，左右视也。从二目。读若拘。又若良士瞿瞿。"《正字通·目部》："䁓，瞿本字。"《说文·夰部》："昪，举目惊昪然也。"桂馥义证："昪，经典借瞿字。又借矍字，又或作懮。"《集韵·梗韵》苦矿切："昪，惊而举目视。一曰好皃。"《古文四声韵》五卷："'䁓'即古'瞿'字也，'䁓'字下引《汗简》作，'瞿'字下又引崔希裕《纂古》作'昪'。"

张涌泉先生《汉语俗字丛考·目部》以"昊"为"昪"的俗字。

"昊"即为"昪"的俗字，"昊"也是"昪"的俗字，均为"夰"形变异的不同方式而已。古字书释"昊"有"斜视"义和"好"义，实际上都是从"昪"的意义拆分出来的。《新撰字镜》同时解释"昊"有"举目惊视"和"好皃"的意思，即是明证。

【34】暞

《改并四声篇海·日部》："暞，北角切，莘也。"张涌泉先生《汉语俗字丛考·日部》以"暞"为"皪"的俗字，并疑《篇海》"莘"前脱"皪（暞）"字，用作"皪莘"，又作"驳莘"。

《新撰字镜·日部》："曒皦晈，三同，公鸟反。明净也。明也。光也。曜也。"《新撰字镜·日部》："晈晥，同。"《新撰字镜·日部》："暞，古文。"依《新撰字镜》体例，释义中凡言"古文"，即指为上一条字头的古文，即"晈晥"。

我们认为，"暞"是"皪"的异体字，"皪"在古代典籍中与"皎""曒"是通用的。

《集韵·铎韵》历各切："皪咯，白色，或从各。"《诗经·卫风·淇奥》："会弁如星。"郑玄笺："皪皪而处，状似星也。"陈启源《稽古编》："皪训白貌。"《说文·白部》："皎，月之白也。从白，交声。"《玉篇·白部》："皎，亦曒也。"由"白"的意思很容易引申作"明亮"义。《文选·张协〈七命〉》："受精皎月。"吕向注："皎，明也。"

"皎""曒"二字，均可从"日"。《集韵·筱韵》："皎，或作晈。"《集韵·筱韵》："曒，明也。""皪"亦可从"日"或从"白"。《集韵》"皪"在铎部，与筱部可通。

"暞"在古代典籍中亦有作"明亮"义的用例。《文苑英华》卷三十七《浮沤赋》："俯而观之，错落煌煜，若明珠之出合浦。远而望之旳暞和罗，若衆星之列长河。"《晚晴簃诗汇·傅山〈老趣〉》："早起闻霜肃，暞暞明南冈。"

由上可推知，"暞"为"皪"的异体字，与"皎""曒"通用，作"白""明亮"义。

【35】脘

《龙龛手鉴·肉部》："脘，音管。肥脘。"《汉语大字典·月部》字头隶定作"脘"，并引《龙》"脘"条目释义。

郑贤章《汉文佛典疑难俗字汇释与研究》"脘"字条下以"脘"为"脘"的异体字，其依据有二：一是《广韵·缓韵》古满切："脘，胃府。""脘"与"脘"音同；二是佛经音义中构件"完"有讹作"皃"的情况。

《新撰字镜·肉部》："脘朊，二同。口短反。胃府。"进一步确认了"脘"为"朊"的异体。

【36】炱煤

字书中以"炱煤"为烟尘之义。《玉篇·火部》："炱，炱煤，烟尘也。"《广韵·灰韵》："煤，炱煤，灰集屋也。"《玄应音义》卷十五"炱煤"条："烟尘也。《通俗文》：'积烟以为炱煤。'律文作爣烸，非体也。"《汉语大词典》："炱煤，火烟凝积成的黑灰。"

《新撰字镜·火部》下有三个连续的字头："炱，屠来反。灰也。尘也。""煤，亡才反。烟尘也。积烟以为炱煤，连字。""爣烸，上连字。一本作，非。釜墨也。"

《新撰字镜》"煤"下释义，实际应该是"炱煤"的释义。"炱煤"又作"爣烸"。第三条释义应是受到《玄应音义》释义的影响，"非"指的有些经文中"炱煤"作"爣烸"，但"爣烸"不是正体形式。

《新撰字镜》中以"釜墨"解释"炱煤"，在古代字书和训诂材料中未见，说明"炱煤"的本义应指"釜墨"，即竈灰、锅底灰一类的。

由烟尘积聚而形成的灰，最为典型的就是竈灰。《尔雅翼·释鱼》："鯸，今之河豚……烹者必覆盖蒙密，忌炱煤落其中。"《吕氏春秋·任数》："煤炱入甑中，弃食不祥。"高诱注："煤炱，烟尘也。"这些都是专指竈灰而言的。由于厨房烟火很大，所以很容易将墙壁熏黑，所以"煤炱"又可指积在墙壁上的黑灰。《列朝诗集·送铁厓先生归钱塘》："天狗夜吠声如雷，东奎西璧昏煤炱。"进而又可泛指一切烟灰。徐世昌辑《晚晴簃诗汇·顾晴沙先生诗冢歌》："旃檀香辟蟬蠹走，波罗巾拂煤炱封。"这种由特殊到一般、由具体到抽象的引申线索，也符合词义引申的一般规律。

【37】簨

《玉篇·竹部》："簨，竹名。"《正字通·竹部》："簨，箽字之譌。《方言》：'筐，江沔之间谓之簨。'俗作簨。因声近而误。或曰箑，名笋舆。俗加竹作簨。"

《新撰字镜·竹部》："簨籑，二同。翼反。篅也。"

《说文·竹部》："篅，饮牛筐也。方曰筐，圆曰篅。"《玉篇·竹部》："篅，养蚕器也。"

据《新撰字镜》，"簨"训"篅"，亦当是一种筐，《正字通》以为"簨字之謁"，是正确的。《新撰字镜》另一形作"欐"，当是"簶"字为强调声符，而有意作"簶"形。

【38】糒

《龙龛手镜·米部》："糒，疋弃反。气下泄也。又芳味。糒米也。"《玉篇·米部》："糒，失气也。"《集韵·至韵》："屁，《字林》：'下出气也。'或作糒。"

汉文字书都以"糒"为"屁"的异体字，未见其有"糒米"的意义。为何独《龙龛手镜》收"糒"有"糒米"义？

《新撰字镜·尸部》："屁𡲰屍：三同字。匹鼻反，去。糒同字。出气也。""糒"当为"糒"的形讹字。

《篇海·米部》引《搜真玉镜》："糒，音缁。"张涌泉先生《汉语俗字丛考·米部》"糒"条："此字（糒）与上文糌字同音。当系一字之变，其右旁亦当是'甾'旁俗讹。"糌，《改併四声篇海·米部》引《类篇》："糌，碎米。"

据上，"糒"实际为两个字的形讹字，一是"糒"字，二是"糌"字。因为"糒"与"糒"形近相混，因此"糒"为"糌"的"碎米"义，也会被"糒"字误收。《龙龛手镜》中的"糒米"义，实际上是"糌米"的形讹。

【39】姎徒

《说文·女部》："姎，女人自称，我也。"桂馥义证："姎，通作卬。"

《后汉书·南蛮西南夷列传》："帝顺其意，赐以名山广泽。其后滋蔓，号曰蛮夷。外痴内黠，安土重旧。……名渠帅曰精夫，相呼为姎徒。"李贤注引《说文》曰："姎，女人自称，我也。"李贤的注释显然是错误的，"姎徒"在这里不是妇女的自称，而是对少数民族部落首领的称呼。

王煦《说文五翼》："姎，……《后汉书·南蛮传》：'蛮人相呼爲姎徒。'姎徒犹吾徒耳。是又不独妇人自称矣。"《汉语大词典》"姎徒"条："犹吾徒。古代西南少数民族语。"例引《后汉书》的书证。《汉语大词典》的释义明显是受了王煦的影响。但是，这个解释仍然不确：第一，"姎徒"一词从唐代到清代，屡见于古代典籍，汉族文人常用"姎徒"一词，并非西南少数民族语；第二："姎徒"一词并非只用于面称，更多的是指称彪悍奸诈的少数民族男子。我们略举几例如下：

四部丛刊本司空图《司空表圣文集·复安南碑》："琅川大扰，洞界横侵。姎徒之勇气干霄，都护之穷兵窜谷。"明代杨慎《流寓黔中杂咏》："铜鼓声中夜赛神，敲钗击钏鬭金银。马郎起舞姎徒唱，恼杀常征久戍人。"《湖南通志·祠庙》："横噬六合，流血成渠。谁其应之？淮颍姎徒是曰。"清屈大均《广东新语·傜人》："故今傜姎徒衣服斑斓，其性凶悍好鬭。"查慎行《敬业堂诗集·黔阳踢灯词五首之五》："赤脚姎徒闹扫妆，木梳笼髻去随郎。一年一度芦笙会，又赶春山跳月塲。"

《新撰字镜·女部》："姎，乌党、乌郎二也。狯也。小儿多诈也。"《方言》卷十："央亡，嘿屎，姞，狯也。……凡小儿多诈而狯谓之央亡，或谓之嘿屎。""姎"即应是"央亡"之省，字形改写作"姎"，恰好与"妇人自称"义的"姎"同形，造成历代学者穿凿为释。"姎"指奸诈狡狯之人，典籍中多指少数民族部落的凶悍狡诈之人。

【40】獟、㺄

《说文·犬部》："㺄，犬容头进也。一曰贼疾也。"段玉裁注："贼疾疑有误。"徐灏注笺："㺄，《玉篇》云：'犬容头进也；贼也。'则疾字乃后人加。"

《新撰字镜·犭部》"獟"："山监、山林二反。犬容头进也。贼嫉也。"

《六书故·动物一》："獟，山鬼。夔属。"《正字通·犬部》："獟，山獟。东方朔《神异经》：'西方深山有人，长丈余，袒身，捕虾蟹，就人火炙食之，名山獟。'"《集韵·豪韵》"苏遭切""㺄"字条下引《神异经》作"山㺄"。故"獟""㺄"为异体字可明。《广雅·释诂》："譏、嫉、杀、㺄，贼也。"王念孙疏证："嫉者。王逸注《离骚》云：'害贤为嫉。'……㺄者，《说文》：'㺄。贼疾也。'《方言》：'惨杀也。'惨与㺄声义相近。"

据上，《说文》："㺄。贼疾也。"或为"贼嫉"，"贼嫉"为同义连用，义即谋害、陷害。依照《新撰字镜》"㺄"字条前后的引书情况判断，此条很可能引自《玉篇》，盖今本《玉篇》脱"嫉"字。

【41】繇、緆

《残卷》糸部："繁，扶元反。《说文》：'马髦骓饬也。'《春秋传》'可以称铃繁乎'是也。""綧，《说文》亦繇字也。"今本《说文·糸部》："繇，马髦饰也。《春秋传》曰'可以称旌繇乎？'""繁"为"繇"的隶变字。

《玉篇·糸部》："緆，附袁切，音烦。乱丝也。""繇，扶云切，马髦饰。"《康熙字典》"緆"字下按："《玉篇》繇、緆二字音同训异，当两存之。"《玉篇·糸部》：

"鯀，扶元切，马髦饰。""綡，同上（鯀）。"胡吉宣《玉篇校释》"綗"字下注："'綗'即'鯀'字。"

《新撰字镜·糸部》："綗，夫元（反）。马髻之饯也。"《新撰字镜·糸部》："絣，上字（綗）。"《新撰字镜》"綗""絣"二条引自原本《玉篇》。据此，胡吉宣之说可从。"鯀""綗"二字当为构件异位的异体字。

【42】蘴

《说文·艸部》："蘴，菜也。《广雅·释草》："蘴葇，苏也。"王念孙疏证："蘴葇，即香菜也。"《广雅疏证》："葑蓯，芦菔也。"王念孙疏证："菔。各本讹作葖。今订正。……芦菔，芫菁属。紫华大根。俗呼雹葖。"《方言》卷三："苏亦荏也……其小者谓之蘴葇。""薹、荛，芫菁也。……关之东西谓之芫菁。……其紫华者谓之芦菔……东鲁谓之葑蓯。"《广韵·养韵》："蘴，蘴菜为菹。"

古代字书均认为"蘴"是一种蔬菜，或者是一种腌制蔬菜的方法。

《新撰字镜·艸部》："蘴，如两反，上。芫青菹。"《新撰字镜》记载"蘴"有另一个意义，即腌制的芫菁菜。这个意义在文献中也能找到依据。

《正字通·艸部》："菘，苏恭谓菘菜，不生北土。北土将菘子种之一年，即变为芫菁。"依据《正字通》的解释，"芫菁"和"苏"，也即"香菜"，实际是一种东西，《新撰字镜》以"芫菁"释"蘴"，是有依据的。

《齐民要术·芫菁菘葵蜀芥咸菹法》："菹菜也，一曰菹不切曰蘴菹。用干蔓菁，正月中作以热汤浸菜。""蘴菹"即腌制的蔬菜，《齐民要术》记载用芫菁制造蘴菹，"蘴"亦可指腌制的芫菁，即《新撰字镜》所言"芫青菹"。

【43】齋

《说文·火部》："齋，炊䬳疾也。"段玉裁注："䬳，日加申时食也。晚食恐迟，炊之疾速，故字从火。引伸为凡疾之用。"

《玉篇·火部》："齋，子奚、才悌二反。炊釜。"胡吉宣《玉篇校释》："'炊釜'者，《说文》：'齋，炊䬳疾也。'《切韵》：'齋，炊疾。'应《说文》'䬳'当爲'䰜'。本书'炊釜'当爲'炊釜疾'。《篇》《韵》并本《说文》而经删失也。"《广雅·释器》："䰜，釜也。"《名义·火部》："齋，子奚反。䰜疾。"熊加全对此亦有归纳、论证，认为胡氏之说可从。[1]

　　《新撰字镜·火部》："齌，子奚、祚悌二反。炊鬴疾也。"此条据刈伊德研究，应是从《玉篇》中引出，可以推断原本《玉篇》应作"炊鬴疾"。其后《玉篇》传抄过程中，"疾"字脱失，"鬴"字换为习见"釜"字，造成释义不明。《说文》"鬴"讹为"鋪"，释义不明。段玉裁的解说属望文生义。《名义》脱"炊"字。胡氏之说当从，《新撰字镜》保留了完整、准确的释义，当为胡氏之说提供明证。

---

[1] 熊加全：《〈玉篇〉疑难字研究》，博士学位论文，河北大学，2013，第492页。

主要参考资料

1. ［汉］许慎：《说文解字》，中华书局，1985年。
2. ［梁］顾野王：《玉篇》（残卷），收入《续修四库全书》第228册，上海古籍出版社，1996年。
3. ［梁］顾野王著，［宋］陈彭年等修订：《大广益会玉篇》，中华书局，1987年。
4. ［宋］陈彭年：《宋本广韵》，中国书店，1982年。
5. ［辽］释行均：《龙龛手镜》（高丽本），中华书局，1985年。
6. ［明］梅膺祚撰，［清］吴任臣编：《字汇》，上海辞书出版社，1991年。
7. ［汉］许慎撰，［清］段玉裁注：《说文解字注》，上海古籍出版社，1981年。
8. 邓福禄、韩小荆：《字典考正》，湖北人民出版社，2007年。
9. 汉语大字典编辑委员会编纂：《汉语大字典》（第二版），四川辞书出版社、崇文书局，2010年。
10. 黄德宽主编、徐在国副主编："古汉字字形表系列"，上海古籍出版社，2017年。
11. 黄征：《敦煌俗字典》，上海教育出版社，2005年。
12. 吕浩：《〈篆隶万象名义〉校释》，学林出版社，2007年。
13. 裘锡圭：《文字学概要》，商务印书馆，1988年。
14. 徐时仪校注：《一切经音义》（三种校本合刊），上海古籍出版社，2008年。
15. 徐在国：《隶定"古文"疏证》，安徽大学出版社，2002年。
16. 杨宝忠：《疑难字考释与研究》，中华书局，2005年。
17. 张磊：《〈新撰字镜〉研究》，中国社会科学出版社，2012年。
18. 赵振铎：《集韵校本》，上海古籍出版社，2012年。
19. ［日］昌住：《新撰字镜》（增订版），临川书店，1967年。
20. ［日］贞苅伊德：《〈新撰字镜〉の研究》，汲古书院，1998年。